집에서 만드는 아이스크림 요리책

집에서 만들 수 있는 재미있고 쉬운 100가지 레시피

민준 하

목차

구운 아이스크림 디저트 129

소개

아이스크림 디저트에는 개성이 넘칩니다. 냉동된 스쿱에서 천천히 떨어지는 달콤한 크림은 닿는 순간 케이크나 소스로 변신합니다. 버터 지방이 풍부한 크림은 향과 맛을 흡수하여 코로 전달합니다. 아이스크림이 닿는 모든 것이 더 풍부해지고, 더 맛있고, 더 깊이 인식됩니다. 게다가 아이스크림은 당신이 그 순간에 집중하도록 격려합니다. 그것은 매 순간 녹고 변화하고 있습니다. 주의를 기울여야 합니다. 그렇지 않으면 사라집니다.

이 페이지에서는 계속해서 사용하고 계절, 메뉴 또는 기분에 따라 조정할 수 있는 몇 가지 확실한 요리법을 찾을 수 있습니다. 각 디저트 는 맛과 식감이 놀랍고, 각 레시피는 가정 주방을 위해 특별히 고안되었습니다. 이 책에 나오는 모든 요리법이 빠르고 쉽다고 선언하지는 않지만(비록 많은 요리법이 그렇더라도) 우리가 만들 수 있는 만큼 간소화되었으며 그 결과는 정말 노력할 가치가 있다고 말할 것입니다 . 접시에 담는 방법이나 함께 제공하는 아이스크림에 따라 옷을 위아래로 입힐 수 있습니다.

아이스크림 _

1. 달콤한 크림 아이스크림

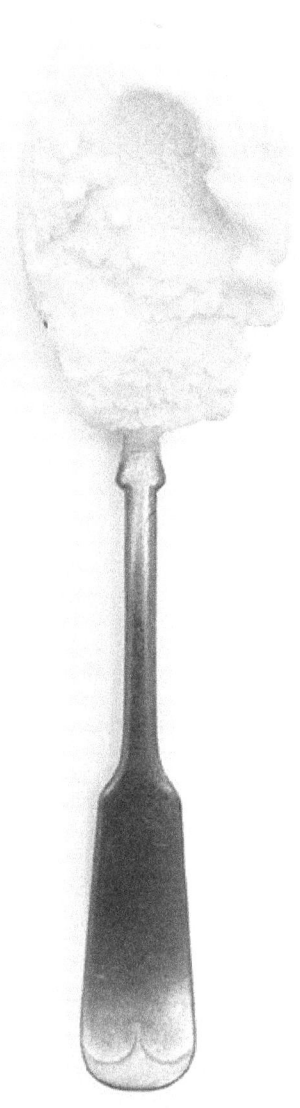

약 1쿼트가 됩니다.

재료:

- 전유 2⅔컵

- 1테이블스푼 + 옥수수 전분 2티스푼

- 부드러워진 크림 치즈 2온스(4테이블스푼)

- 고운 바다소금 ⅛작은술

- 헤비 크림 1½컵

- 설탕 ¼컵

- 가벼운 옥수수 시럽 ¼컵

지도:

a) 작은 그릇에 우유 2테이블스푼과 옥수수 전분을 섞어 부드러운 슬러리를 만듭니다.

b) 중간 크기의 그릇에 크림치즈와 소금을 넣고 부드러워질 때까지 휘젓습니다.

c) 큰 그릇에 얼음과 물을 채우세요.

d) 요리 남은 우유, 크림, 설탕, 옥수수 시럽을 4쿼트 냄비에 넣고 중간 불로 끓인 후 4분간 끓입니다. 불을 끄고 옥수수 전분 슬러리를 서서히 섞습니다. 혼합물을 다시 중간 불로 끓이고 내열 주걱으로

저어주면서 약간 걸쭉해질 때까지 약 1분간 조리합니다. 열에서 제거하십시오.

e) 식히기 뜨거운 우유 혼합물을 크림 치즈에 넣어 부드러워질 때까지 점차적으로 휘젓습니다. 혼합물을 1갤런 지퍼락 냉동 백에 붓고 밀봉된 백을 얼음 욕조에 담급니다. 필요에 따라 얼음을 추가하여 차가워질 때까지 약 30분간 그대로 둡니다.

f) 냉동 냉동실에서 냉동 용기를 꺼내고 아이스크림 기계를 조립한 다음 전원을 켜세요. 아이스크림 베이스를 용기에 붓고 걸쭉하고 크림 같은 질감이 될 때까지 회전시킵니다.

g) 아이스크림을 보관 용기에 담으세요. 양피지 한 장을 표면에 직접 누르고 밀폐 뚜껑으로 밀봉합니다. 냉동고의 가장 차가운 부분에서 단단해질 때까지 최소 4시간 동안 얼립니다.

h) 다양한 종류를 추가하려면: 아이스크림에 잼이나 소스를 겹겹이 쌓으려면 먼저 보관 용기 바닥에 한 숟가락을 뿌린 후 그 위에 아이스크림을 펴 바릅니다. 아이스크림 구석에 몇 스푼을 더 넣은 다음 아이스크림 층을 하나 더 추가합니다.

i) 아이스크림을 모두 사용할 때까지 소스와 아이스크림을 계속 쌓으세요. 소스가 전체 층을 덮어서는 안됩니다.

2. 압생트 & 머랭 아이스크림

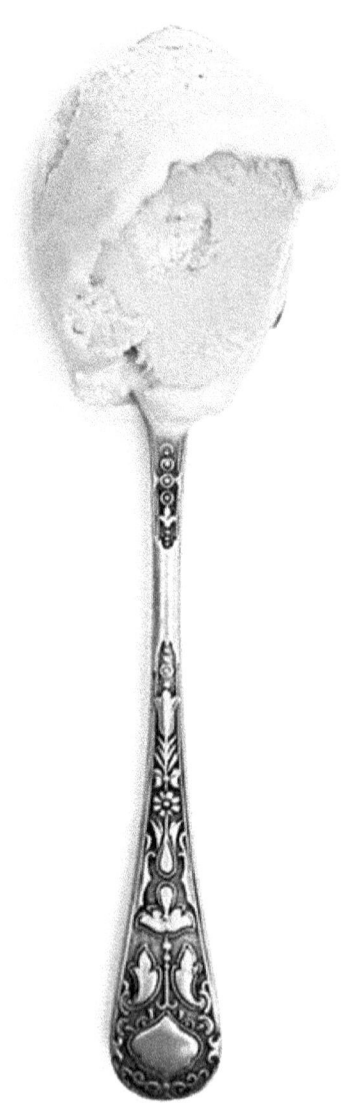

약 1쿼트가 됩니다.

재료:

- 전유 2⅔컵

- 1테이블스푼 + 옥수수 전분 2티스푼

- 부드러워진 크림 치즈 2온스(4테이블스푼)

- 말차 가루 ½티스푼

- 고운 바다소금 ⅛작은술

- 헤비 크림 1½컵

- 설탕 ¼컵

- 가벼운 옥수수 시럽 ¼컵

- 압생트, 페르노 또는 파스티스 1¼컵

- 아니스 추출물 ½티스푼

- 머랭 케이크 (머랭 1개 정도) 또는 매장에서 구입한 부스러진(약 ¼ 인치 크럼블) 머랭 1컵

지도:

a) 작은 그릇에 우유 2테이블스푼과 옥수수 전분을 섞어 부드러운 슬러리를 만듭니다.

b) 중간 크기의 그릇에 크림치즈, 말차, 소금을 넣고 부드러워질 때까지 휘젓습니다.

c) 큰 그릇에 얼음과 물을 채우세요.

d) 요리 남은 우유, 크림, 설탕, 옥수수 시럽을 4쿼트 냄비에 넣고 중간 불로 끓인 후 4분간 끓입니다. 불을 끄고 옥수수 전분 슬러리를 서서히 섞습니다. 혼합물을 다시 중간 불로 끓이고 내열 주걱으로 저어주면서 약간 걸쭉해질 때까지 약 1분간 조리합니다. 열에서 제거하십시오.

e) 식히기 뜨거운 우유 혼합물을 크림 치즈에 넣어 부드러워질 때까지 점차적으로 휘젓습니다. 혼합물을 1갤런 지퍼락 냉동 백에 붓고 밀봉된 백을 얼음 욕조에 담급니다. 필요에 따라 얼음을 추가하여 차가워질 때까지 약 30분간 그대로 둡니다.

f) 냉동 냉동실에서 냉동 용기를 꺼내고 아이스크림 기계를 조립한 다음 전원을 켜세요. 아이스크림 베이스를 용기에 붓고 걸쭉하고 크림 같은 질감이 될 때까지 회전시킵니다.

g) 아이스크림을 보관 용기에 담으세요. 압생트와 아니스 추출물을 넣고 저으면서 머랭 조각을 섞으세요. 양피지 한 장을 표면에 직접 누르고 밀폐 뚜껑으로 밀봉합니다. 냉동실의 가장 차가운 부분에 얼려주세요.

3. 블랙 포레스트 케이크 아이스크림

약 1쿼트가 됩니다.

재료:

- ⅔컵 ½인치 크럼블

- 차가운 초콜릿 소스 ¼컵

- 아마레나 체리 ½컵

- 헤비 크림 1¼컵

- 옥수수 전분 2테이블스푼

- 부드러워진 크림 치즈 3온스(6테이블스푼)

- 고운 바다소금 ¼티스푼

- 설탕 ⅔컵

- 가벼운 옥수수 시럽 2테이블스푼

- 버터밀크 2컵, 전유 또는 2% 우유

지도:

a) 케이크 크럼블을 작은 그릇에 넣고 초콜릿 소스를 넣고 가볍게 버무려 코팅한 다음 아마레나 체리를 넣고 균일하게 섞이도록 저어줍니다. 아이스크림을 만드는 동안 얼려주세요. (케이크 혼합물은 최대 1개월까지 냉동보관 가능합니다.)

b) 작은 그릇에 크림 ¼컵과 옥수수 전분을 섞어 부드러운 슬러리를 만듭니다.

c) 중간 크기의 그릇에 크림치즈와 소금을 넣고 부드러워질 때까지 휘젓습니다.

d) 큰 그릇에 얼음과 물을 채우세요.

e) 요리 남은 크림, 설탕, 옥수수 시럽을 4쿼트 냄비에 넣고 중간 불로 끓인 후 4분간 끓입니다. 불을 끄고 옥수수 전분 슬러리를 서서히 섞습니다. 혼합물을 다시 중간 불로 끓이고 내열 주걱으로 저으면서 약간 걸쭉해질 때까지 약 20초간 조리합니다. 열에서 제거하십시오.

f) 식히기 뜨거운 우유 혼합물을 크림 치즈에 넣고 부드러워질 때까지 서서히 휘젓은 다음, 버터밀크를 넣고 저어줍니다. 혼합물을 1갤런짜리 지퍼백 에 붓고 밀봉된 백을 얼음 욕조에 담급니다. 필요에 따라 얼음을 추가하여 차가워질 때까지 약 30분간 그대로 둡니다.

g) 냉동 냉동실에서 냉동 용기를 꺼내고 아이스크림 기계를 조립한 다음 전원을 켜세요. 아이스크림 베이스를 용기에 붓고 걸쭉하고 크림 같은 질감이 될 때까지 회전시킵니다.

h) 아이스크림과 케이크 혼합물의 작은 숟가락을 번갈아 가며 저장 용기에 아이스크림을 포장합니다. 양피지 한 장을 표면에 직접 누르고 밀폐 뚜껑으로 밀봉합니다. 냉동고의 가장 차가운 부분에서 단단해질 때까지 최소 4시간 동안 얼립니다.

4. 치즈 & 구아바잼 아이스크림

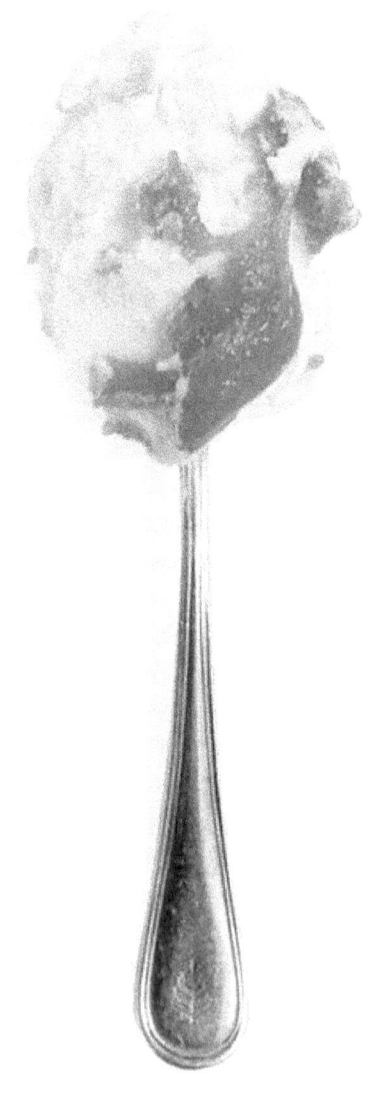

약 1쿼트가 됩니다.

재료:

- 전유 2⅔컵

- 1테이블스푼 + 옥수수 전분 2티스푼

- 부드러워진 크림 치즈 6온스(3/4컵)

- 고운 바다소금 ⅛작은술

- 헤비 크림 1½컵

- 설탕 ¼컵

- 가벼운 옥수수 시럽 ¼컵

- 구아바 잼 ½컵

지도:

a) 작은 그릇에 우유 2테이블스푼과 옥수수 전분을 섞어 부드러운 슬러리를 만듭니다.

b) 부드러워질 때까지 중간 크기의 그릇에 치즈와 소금을 넣고 휘젓습니다.

c) 큰 그릇에 얼음과 물을 채우세요

d) 요리 남은 우유, 크림, 설탕, 옥수수 시럽을 4쿼트 냄비에 넣고 중간 불로 끓인 후 4분간 끓입니다. 불을 끄고 옥수수 전분 슬러리를 서서히 섞습니다. 혼합물을 다시 중간 불로 끓이고 내열 주걱으로

저어주면서 약간 걸쭉해질 때까지 약 1분간
조리합니다. 열에서 제거하십시오.

e) 식히기 뜨거운 우유 혼합물을 치즈에 넣어
부드러워질 때까지 점차적으로 휘젓습니다. 혼합물을
1갤런 지퍼락 냉동 백에 붓고 밀봉된 백을 얼음
욕조에 담급니다. 필요에 따라 얼음을 추가하여
차가워질 때까지 약 30분간 그대로 둡니다.

f) 냉동 냉동실에서 냉동 용기를 꺼내고 아이스크림
기계를 조립한 다음 전원을 켜세요. 아이스크림
베이스를 냉동 용기에 붓고 걸쭉하고 크림 같은
질감이 될 때까지 회전시킵니다.

g) 아이스크림을 보관 용기에 담아서 잼을 겹겹이
쌓으세요. 양피지 한 장을 표면에 직접 누르고 밀폐
뚜껑으로 밀봉합니다. 냉동고의 가장 차가운
부분에서 단단해질 때까지 최소 4시간 동안
얼립니다.

5. 복숭아잼을 곁들인 크림비스킷

약 1쿼트가 됩니다.

재료:

- 헤비 크림 1¼컵

- 옥수수 전분 2테이블스푼

- 부드러워진 크림 치즈 3온스(6테이블스푼)

- 고운 바다소금 ¼티스푼

- 설탕 ⅔컵

- 가벼운 옥수수 시럽 2테이블스푼

- 버터밀크 2컵, 전유 또는 2% 우유

- 부서진 스위트 크림 쇼트케이크, 냉동 또는 상점에서 구입한 비스킷 ½컵

- 차가운 복숭아 잼 ¼컵

지도:

a) 작은 그릇에 크림 ¼컵과 옥수수 전분을 섞어 부드러운 슬러리를 만듭니다.

b) 중간 크기의 그릇에 크림치즈와 소금을 넣고 부드러워질 때까지 휘젓습니다.

c) 큰 그릇에 얼음과 물을 채우세요.

d) 요리 남은 크림, 설탕, 옥수수 시럽을 4쿼트 냄비에 넣고 중간 불로 끓인 후 4분간 끓입니다. 불을 끄고 옥수수 전분 슬러리를 서서히 섞습니다. 혼합물을 다시 중간 불로 끓이고 내열 주걱으로 저으면서 약간 걸쭉해질 때까지 약 20초간 조리합니다. 열에서 제거하십시오.

e) 식히기 뜨거운 우유 혼합물을 크림 치즈에 넣어 부드러워질 때까지 점차적으로 휘젓습니다. 버터밀크를 넣고 저어주세요.

f) 혼합물을 1갤런짜리 지퍼백 에 붓고 밀봉된 백을 얼음 욕조에 담급니다. 필요에 따라 얼음을 추가하여 차가워질 때까지 약 30분간 그대로 둡니다 .

g) 냉동 냉동실에서 냉동 용기를 꺼내고 아이스크림 기계를 조립한 다음 전원을 켜세요. 아이스크림 베이스를 냉동 용기에 붓고 걸쭉하고 크림 같은 질감이 될 때까지 회전시킵니다.

h) 아이스크림을 보관 용기에 담아서 부서진 비스킷과 잼을 섞으세요.

i) 양피지 한 장을 표면에 직접 누르고 밀폐 뚜껑으로 밀봉합니다. 냉동고의 가장 차가운 부분에서 단단해질 때까지 최소 4시간 동안 얼립니다.

6. 커민& 허니 버터스카치

약 1쿼트가 됩니다.

재료:

- 전유 2⅔컵

- 1테이블스푼 + 옥수수 전분 2티스푼

- 부드러워진 크림 치즈 2온스(4테이블스푼)

- 고운 바다소금 ¼티스푼

- 강황 1티스푼(색상용, 선택사항)

- 커민 가루 ¼티스푼

- 꿀 ½컵

- 헤비 크림 1½컵

- 설탕 (½ 컵

- 천연 버터 향료 4방울

지도:

a) 작은 그릇에 우유 2테이블스푼과 옥수수 전분을 섞어 부드러운 슬러리를 만듭니다.

b) 중간 크기의 그릇에 크림 치즈, 소금, 강황(사용하는 경우), 커민을 넣고 부드러워질 때까지 휘젓습니다.

c) 큰 그릇에 얼음과 물을 채우세요.

d) 요리 4쿼트 냄비에 꿀을 넣고 중간 불로 가열하여 끓기 시작하고 연기가 나기 시작할 때까지 가열합니다. 불에서 팬을 제거하고 크림 ¼컵 정도를 넣고 저어줍니다. 나머지 크림을 천천히 첨가하고 섞일 때까지 저어줍니다.

e) 냄비에 남은 우유와 설탕을 넣고 중간 불로 끓인 후 4분간 끓입니다. 불을 끄고 옥수수 전분 슬러리를 서서히 섞습니다.

f) 혼합물을 다시 중간 불로 끓이고 내열 주걱으로 저어주면서 약간 걸쭉해질 때까지 약 1분간 조리합니다. 열에서 제거하십시오.

g) 식히기 뜨거운 우유 혼합물을 크림 치즈에 넣어 부드러워질 때까지 점차적으로 휘젓습니다. 혼합물을 1갤런 지퍼락 냉동 백에 붓고 밀봉된 백을 얼음 욕조에 담급니다. 필요에 따라 얼음을 추가하여 차가워질 때까지 약 30분간 그대로 둡니다. 버터 향료를 섞으세요.

h) 냉동 냉동실에서 냉동 용기를 꺼내고 아이스크림 기계를 조립한 다음 전원을 켜세요. 아이스크림 베이스를 용기에 붓고 걸쭉하고 크림 같은 질감이 될 때까지 회전시킵니다.

i) 아이스크림을 보관 용기에 담으세요. 양피지 한 장을 표면에 직접 누르고 밀폐 뚜껑으로 밀봉합니다. 냉동고의 가장 차가운 부분에서 단단해질 때까지 최소 4시간 동안 얼립니다.

7. 주니퍼 & 레몬 커드 아이스크림

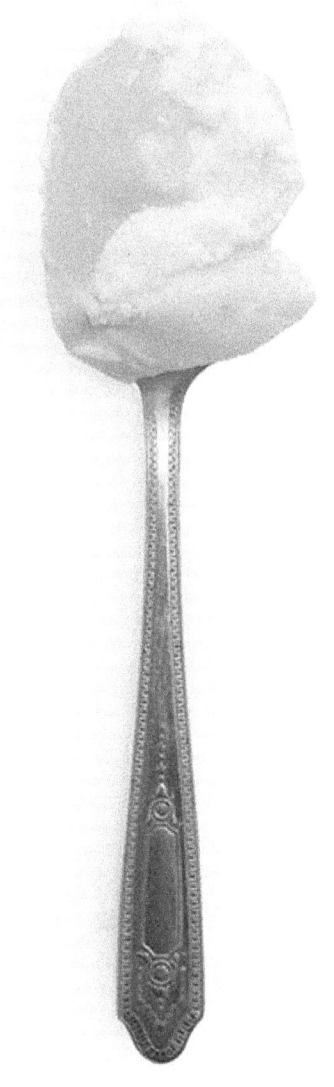

약 1쿼트가 됩니다.

재료:

- 전유 2⅔컵

- 1테이블스푼 + 옥수수 전분 2티스푼

- 부드러워진 크림 치즈 2온스(4테이블스푼)

- 고운 바다소금 ⅛작은술

- 헤비 크림 1½컵

- 설탕 ¼컵

- 가벼운 옥수수 시럽 ¼컵

- 주니퍼 에센셜 오일 1~2방울

- 레몬 커드 ⅔컵

지도:

a) 작은 그릇에 우유 2테이블스푼과 옥수수 전분을 섞어 부드러운 슬러리를 만듭니다.

b) 중간 크기의 그릇에 크림치즈와 소금을 넣고 부드러워질 때까지 휘젓습니다.

c) 큰 그릇에 얼음과 물을 채우세요.

d) 요리 남은 우유, 크림, 설탕, 옥수수 시럽을 4쿼트 냄비에 넣고 중간 불로 끓인 후 4분간 끓입니다.

불을 끄고 옥수수 전분 슬러리를 서서히 섞습니다.
혼합물을 다시 중간 불로 끓이고 내열 주걱으로
저어주면서 약간 걸쭉해질 때까지 약 1분간
조리합니다. 열에서 제거하십시오.

e) 식히기 뜨거운 우유 혼합물을 크림 치즈에 넣어
부드러워질 때까지 점차적으로 휘젓습니다. 혼합물을
1갤런 지퍼락 냉동 백에 붓고 밀봉된 백을 얼음
욕조에 담급니다. 필요에 따라 얼음을 추가하여
차가워질 때까지 약 30분간 그대로 둡니다.

f) 냉동 냉동실에서 냉동 용기를 꺼내고 아이스크림
기계를 조립한 다음 전원을 켜세요. 아이스크림
베이스를 용기에 붓고 주니퍼 오일을 첨가합니다.
걸쭉하고 크림처럼 될 때까지 회전시킵니다.

g) 아이스크림을 보관 용기에 담아서 레몬 커드를
겹겹이 쌓으세요 . 양피지 한 장을 표면에 직접
누르고 밀폐 뚜껑으로 밀봉합니다. 냉동고의 가장
차가운 부분에서 단단해질 때까지 최소 4시간 동안
얼립니다.

8. 초콜릿 & 위스키 아이스크림

약 1쿼트가 됩니다.

재료:

초콜릿 페이스트

- 끓인 커피 ½컵(온도 상관없음)

- 설탕 ¼컵

- 더치 가공 코코아 파우더 ⅔컵

- 잘게 다진 무가당 초콜릿 1½온스

아이스크림 베이스

- 전유 2⅔컵

- 1테이블스푼 + 옥수수 전분 2티스푼

- 부드러워진 크림 치즈 2온스(4테이블스푼)

- 고운 바다소금 ⅛작은술

- 헤비 크림 1½컵

- 설탕 ¼컵

- 가벼운 옥수수 시럽 3테이블스푼

- 가볍게 으깬 캐러웨이 씨앗 3테이블스푼

- 호밀 위스키 ½컵

지도:

a) 작은 냄비에 커피, 설탕, 코코아를 넣고 중불로 끓인 후 설탕이 녹을 때까지 저어주면서 30초 동안 끓입니다. 불을 끄고 초콜릿을 넣으세요. 몇 분간 방치한 후 매우 부드러워질 때까지 저어줍니다.

b) 작은 그릇에 우유 2테이블스푼과 옥수수 전분을 섞어 부드러운 슬러리를 만듭니다.

c) 중간 크기의 그릇에 크림치즈, 따뜻한 초콜릿 페이스트, 소금을 넣고 부드러워질 때까지 휘젓습니다.

d) 큰 그릇에 얼음과 물을 채우세요.

e) 요리 남은 우유, 크림, 설탕, 옥수수 시럽을 4쿼트 냄비에 넣고 중간 불로 끓입니다. 캐러웨이 씨앗을 넣고 4분간 끓입니다. 불을 끄고 옥수수 전분 슬러리를 서서히 섞습니다. 혼합물을 다시 중간 불로 끓이고 내열 주걱으로 저어주면서 약간 걸쭉해질 때까지 약 1분간 조리합니다. 열에서 제거하십시오.

f) 식히기 뜨거운 우유 혼합물을 크림 치즈 혼합물에 넣고 부드러워질 때까지 점차적으로 휘젓습니다. 위스키를 저어주세요. 혼합물을 1갤런 지퍼락 냉동 백에 붓고 밀봉된 백을 얼음 욕조에 담급니다. 필요에 따라 얼음을 추가하여 차가워질 때까지 약 30분간 그대로 둡니다.

g) 냉동 냉동실에서 냉동 용기를 꺼내고 아이스크림 기계를 조립한 다음 전원을 켜세요. 아이스크림 베이스를 냉동 용기에 붓고 걸쭉하고 크림 같은 질감이 될 때까지 회전시킵니다.

h) 아이스크림을 보관 용기에 담으세요. 양피지 한 장을 표면에 직접 누르고 밀폐 뚜껑으로 밀봉합니다. 냉동고의 가장 차가운 부분에서 단단해질 때까지 최소 4시간 동안 얼립니다.

9. 코코넛 카쎄타 아이스크림

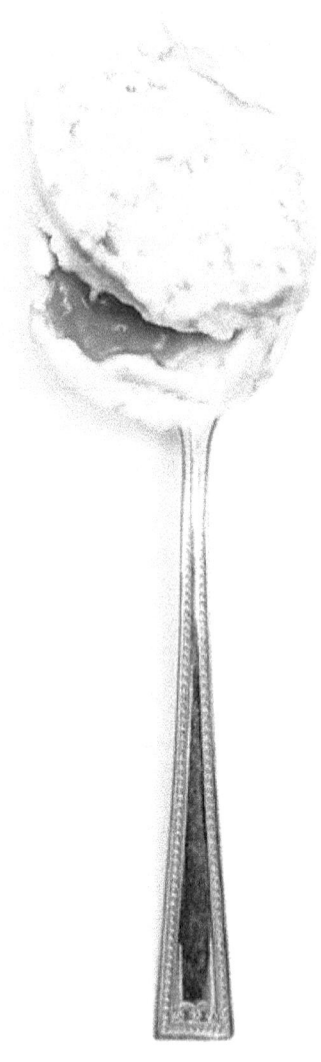

약 1쿼트가 됩니다.

재료:

- 무가당 코코넛 플레이크 ½컵

- 전유 2⅔컵

- 1테이블스푼 + 옥수수 전분 2티스푼

- 부드러워진 크림 치즈 2온스(4테이블스푼)

- 고운 바다소금 ⅛작은술

- 헤비 크림 1½컵

- 설탕 ¼컵

- 가벼운 옥수수 시럽 ¼컵

- 코코넛 추출물 2~3방울(선택사항)

- 카제타 ⅓컵

지도:

a) 오븐을 325° F로 예열하세요

b) 베이킹 시트에 코코넛을 펼칩니다. 10분 동안 구운
다음 오븐에서 꺼내어 내열 주걱으로 버무려
코코넛의 바깥쪽 가장자리가 덜 구운 안쪽 부분을
향해 들어가도록 합니다. 펼쳐서 5분간 더 구운 후
다시 버무립니다. 코코넛이 고르게 황금빛 갈색이

되고 매우 향이 날 때까지 반복합니다. 오븐에서 꺼내어 완전히 식혀주세요.

c) 작은 그릇에 우유 2테이블스푼과 옥수수 전분을 섞어 부드러운 슬러리를 만듭니다.

d) 중간 크기의 그릇에 크림치즈와 소금을 넣고 부드러워질 때까지 휘젓습니다.

e) 큰 그릇에 얼음과 물을 채우세요.

f) 요리 남은 우유, 크림, 설탕, 옥수수 시럽을 4쿼트 냄비에 넣고 중간 불로 끓인 후 4분간 끓입니다. 불을 끄고 옥수수 전분 슬러리를 서서히 섞습니다. 혼합물을 다시 중간 불로 끓이고 내열 주걱으로 저어주면서 약간 걸쭉해질 때까지 약 1분간 조리합니다. 열에서 제거하십시오.

g) 식히기 뜨거운 우유 혼합물을 크림 치즈에 넣어 부드러워질 때까지 점차적으로 휘젓습니다. 사용하는 경우 코코넛 추출물을 첨가하십시오. 혼합물을 1 갤런 지퍼락 냉동 백에 붓고 밀봉된 백을 얼음 욕조에 담급니다. 필요에 따라 얼음을 추가하여 차가워질 때까지 약 30분간 그대로 둡니다.

h) 냉동 냉동실에서 냉동 용기를 꺼내고 아이스크림 기계를 조립한 다음 전원을 켜세요. 아이스크림 베이스를 용기에 붓고 걸쭉하고 크림 같은 질감이 될 때까지 회전시킵니다.

i) 아이스크림을 저장 용기에 담아 구운 코코넛을 섞고 소스를 겹겹이 쌓습니다. 양피지 한 장을 표면에 직접 누르고 밀폐 뚜껑으로 밀봉합니다. 냉동고의 가장 차가운 부분에서 단단해질 때까지 최소 4시간 동안 얼립니다.

10. 루트비어 아이스크림

약 1쿼트가 됩니다.

재료:

- 전유 2⅔컵

- 1테이블스푼 + 옥수수 전분 2티스푼

- 부드러워진 크림 치즈 2온스(4테이블스푼)

- 고운 바다소금 ⅛작은술

- 헤비 크림 1½컵

- 설탕 ¼컵

- 가벼운 옥수수 시럽 ¼컵

- 루트비어 농축액 2테이블스푼

지도:

a) 작은 그릇에 우유 2테이블스푼과 옥수수 전분을 섞어 부드러운 슬러리를 만듭니다.

b) 중간 크기의 그릇에 크림치즈와 소금을 넣고 부드러워질 때까지 휘젓습니다.

c) 큰 그릇에 얼음과 물을 채우세요.

d) 요리 남은 우유, 크림, 설탕, 옥수수 시럽을 4쿼트 냄비에 넣고 중간 불로 끓인 후 4분간 끓입니다. 불을 끄고 옥수수 전분 슬러리를 서서히 섞습니다. 혼합물을 다시 중간 불로 끓이고 내열 주걱으로

저어주면서 약간 걸쭉해질 때까지 약 1분간 조리합니다. 열에서 제거하십시오.

e) 식히기 뜨거운 우유 혼합물을 크림 치즈에 넣어 부드러워질 때까지 점차적으로 휘젓습니다. 루트비어 농축액을 첨가합니다. 혼합물을 1갤런 지퍼락 냉동 백에 붓고 밀봉된 백을 얼음 욕조에 담급니다. 필요에 따라 얼음을 추가하여 차가워질 때까지 약 30분간 그대로 둡니다.

f) 냉동 냉동실에서 냉동 용기를 꺼내고 아이스크림 기계를 조립한 다음 전원을 켜세요. 아이스크림 베이스를 냉동 용기에 붓고 걸쭉하고 크림 같은 질감이 될 때까지 회전시킵니다.

g) 아이스크림을 보관 용기에 담으세요. 양피지 한 장을 표면에 직접 누르고 밀폐 뚜껑으로 밀봉합니다. 냉동고의 가장 차가운 부분에서 단단해질 때까지 최소 4시간 동안 얼립니다.

11. 목련 모찌 아이스크림

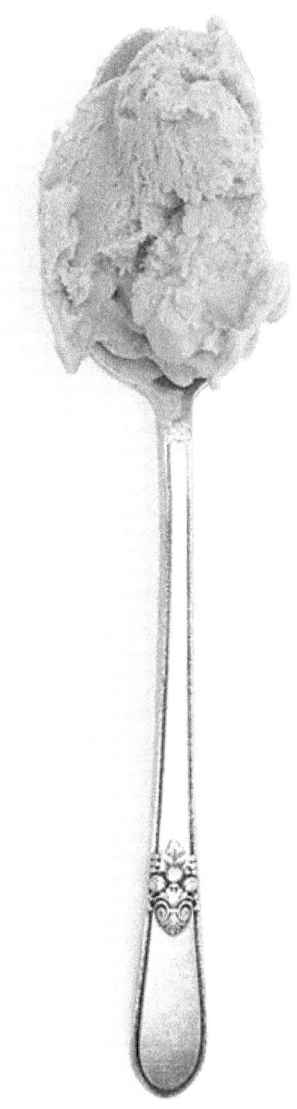

약 1쿼트가 됩니다.

재료:

- 전유 2⅔컵

- 1테이블스푼 + 옥수수 전분 2티스푼

- 부드러워진 크림 치즈 2온스(4테이블스푼)

- 붉은 비트 가루 1테이블스푼(색상은 출처 참조, 선택 사항)

- 강황 ¼작은술(색상용, 선택 사항)

- 고운 바다소금 ⅛작은술

- 헤비 크림 1½컵

- 설탕 ¼컵

- 가벼운 옥수수 시럽 ¼컵

- 목련 에센셜 오일 1~2방울

- ½컵 ⅛인치 큐브 모찌 케이크, 냉동

지도:

a) 작은 그릇에 우유 2테이블스푼과 옥수수 전분을 섞어 부드러운 슬러리를 만듭니다.

b) 크림치즈, 비트 가루, 강황(사용하는 경우)을 휘젓고 중간 크기 그릇에 소금을 넣고 부드러워질 때까지 섞습니다.

c) 큰 그릇에 얼음과 물을 채우세요.

d) 요리 남은 우유, 크림, 설탕, 옥수수 시럽을 4쿼트 냄비에 넣고 중간 불로 끓인 후 4분간 끓입니다. 불을 끄고 옥수수 전분 슬러리를 서서히 섞습니다. 혼합물을 다시 중간 불로 끓이고 내열 주걱으로 저어주면서 약간 걸쭉해질 때까지 약 1분간 조리합니다. 열에서 제거하십시오.

e) 식히기 뜨거운 우유 혼합물을 크림 치즈에 넣어 부드러워질 때까지 점차적으로 휘젓습니다. 혼합물을 1갤런 지퍼락 냉동 백에 붓고 밀봉된 백을 얼음 욕조에 담급니다. 필요에 따라 얼음을 추가하여 차가워질 때까지 약 30분간 그대로 둡니다.

f) 냉동 냉동실에서 냉동 용기를 꺼내고 아이스크림 기계를 조립한 다음 전원을 켜세요. 아이스크림 베이스를 용기에 붓고 목련 에센셜 오일을 추가한 후 걸쭉하고 크림 같은 질감이 될 때까지 회전시킵니다.

g) 아이스크림을 보관 용기에 담아서 케이크 큐브를 섞으세요. 양피지 한 장을 표면에 직접 누르고 밀폐 뚜껑으로 밀봉합니다. 냉동고의 가장 차가운 부분에서 단단해질 때까지 최소 4시간 동안 얼립니다.

12. 그레이엄 크래커 아이스크림

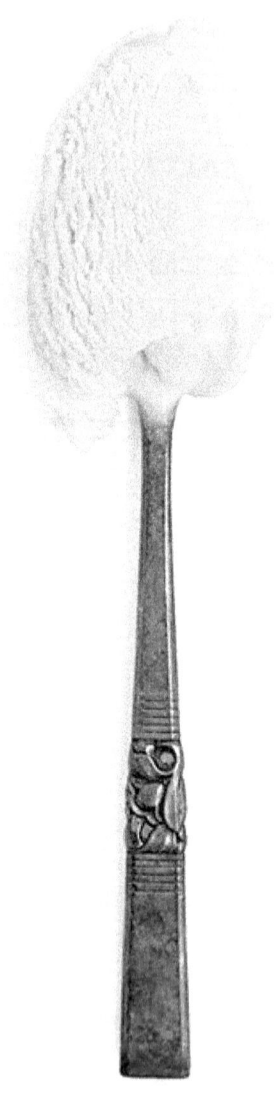

약 1쿼트가 됩니다.

재료:

- 전유 2⅔컵

- 1테이블스푼 + 옥수수 전분 2티스푼

- 부드러워진 크림 치즈 2온스(4테이블스푼)

- 고운 바다소금 ⅛작은술

- 헤비 크림 1½컵

- 설탕 ¼컵

- 가벼운 옥수수 시럽 ¼컵

- 대충 다진 ½ 컵 그레이엄 크래커

지도:

a) 작은 그릇에 우유 2테이블스푼과 옥수수 전분을 섞어 부드러운 슬러리를 만듭니다.

b) 중간 크기의 그릇에 크림치즈와 소금을 넣고 부드러워질 때까지 휘젓습니다.

c) 큰 그릇에 얼음과 물을 채우세요.

d) 요리 남은 우유, 크림, 설탕, 옥수수 시럽을 4쿼트 냄비에 넣고 중간 불로 끓인 후 4분간 끓입니다. 불을 끄고 옥수수 전분 슬러리를 서서히 섞습니다. 혼합물을 다시 중간 불로 끓이고 내열 주걱으로

저어주면서 약간 걸쭉해질 때까지 약 1분간 조리합니다. 열에서 제거하십시오.

e) 식히기 뜨거운 우유 혼합물을 크림 치즈에 넣어 부드러워질 때까지 점차적으로 휘젓습니다. 크래커를 추가하고 크래커가 녹을 때까지 약 3분간 혼합물을 우려냅니다. 혼합물을 체에 거른 다음 1갤런 지퍼락 냉동 백에 붓고 밀봉된 백을 얼음 욕조에 담급니다. 필요에 따라 얼음을 추가하여 차가워질 때까지 약 30분간 그대로 둡니다.

f) 냉동 냉동실에서 냉동 용기를 꺼내고 아이스크림 기계를 조립한 다음 전원을 켜세요. 아이스크림 베이스를 냉동 용기에 붓고 걸쭉하고 크림 같은 질감이 될 때까지 회전시킵니다.

g) 아이스크림을 보관 용기에 담으세요. 양피지 한 장을 표면에 직접 누르고 밀폐 뚜껑으로 밀봉합니다. 냉동고의 가장 차가운 부분에서 단단해질 때까지 최소 4시간 동안 얼립니다.

13. 치즈 그레이엄 크래커 아이스크림

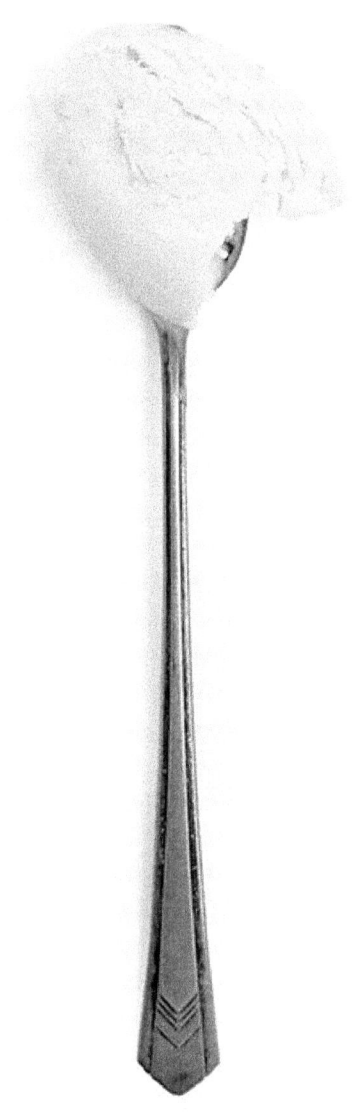

약 1쿼트가 됩니다.

재료:

- 전유 2⅔컵

- 1테이블스푼 + 옥수수 전분 2티스푼

- 고르곤졸라 돌체 2온스

- 고운 바다소금 ⅛작은술

- 헤비 크림 1½컵

- 설탕 ¼컵

- 가벼운 옥수수 시럽 ¼컵

- 대충 다진 그레이엄 크래커 ½컵

지도:

a) 작은 그릇에 우유 2테이블스푼과 옥수수 전분을 섞어 부드러운 슬러리를 만듭니다.

b) 고르곤졸라 돌체와 소금을 중간 크기의 그릇에 넣고 부드러워질 때까지 휘젓습니다.

c) 큰 그릇에 얼음과 물을 채우세요

d) 요리 남은 우유, 크림, 설탕, 옥수수 시럽을 4쿼트 냄비에 넣고 중간 불로 끓인 후 4분간 끓입니다. 불을 끄고 옥수수 전분 슬러리를 서서히 섞습니다. 혼합물을 다시 중간 불로 끓이고 내열 주걱으로

저어주면서 약간 걸쭉해질 때까지 약 1분간 조리합니다. 열에서 제거하십시오.

e) 식히기 뜨거운 우유 혼합물을 크림 치즈에 넣어 부드러워질 때까지 점차적으로 휘젓습니다. 크래커를 추가하고 크래커가 녹을 때까지 약 3분간 혼합물을 우려냅니다. 혼합물을 체에 거른 다음 1갤런 지퍼락 냉동 백에 붓고 밀봉된 백을 얼음 욕조에 담급니다. 필요에 따라 얼음을 추가하여 차가워질 때까지 약 30분간 그대로 둡니다.

f) 냉동 냉동실에서 냉동 용기를 꺼내고 아이스크림 기계를 조립한 다음 전원을 켜세요. 아이스크림 베이스를 냉동 용기에 붓고 걸쭉하고 크림 같은 질감이 될 때까지 회전시킵니다.

g) 아이스크림을 보관 용기에 담으세요. 양피지 한 장을 표면에 직접 누르고 밀폐 뚜껑으로 밀봉합니다. 냉동고의 가장 차가운 부분에서 단단해질 때까지 최소 4시간 동안 얼립니다.

14. 허니 뱌터밀크 아이스크림

약 1쿼트가 됩니다.

재료:

- 버터밀크 2컵

- 1테이블스푼 + 옥수수 전분 2티스푼

- 부드러워진 크림 치즈 2온스(4테이블스푼)

- 고운 바다소금 ¼티스푼

- 강황 ½작은술(색상용, 선택 사항)

- 카이엔 고추를 꼬집거나 입맛에 맞게

- 꿀 ⅔컵

- 헤비 크림 1½컵

- 꿀 옥수수 빵 지갈 ½컵

지도:

a) 섞어 부드러운 슬러리를 만듭니다.

b) 중간 크기의 그릇에 크림 치즈, 소금, 강황(사용하는 경우)과 카이엔 고추를 넣고 부드러워질 때까지 휘젓습니다.

c) 큰 그릇에 얼음과 물을 채우세요.

d) 요리 4쿼트 냄비에 꿀을 넣고 중간 불로 가열하여 끓기 시작하고 연기가 나기 시작할 때까지

가열합니다. 불에서 팬을 제거하고 크림 ¼컵 정도를 넣고 저어줍니다. 나머지 크림을 천천히 첨가하고 섞일 때까지 저어줍니다.

e) 남은 버터밀크를 넣고 중간 불로 끓인 후 4분간 끓입니다. 불을 끄고 옥수수 전분 슬러리를 서서히 섞습니다. 혼합물을 다시 중간 불로 끓이고 내열 주걱으로 저어주면서 약간 걸쭉해질 때까지 약 1분간 조리합니다. 열에서 제거하십시오.

f) 식히기 뜨거운 우유 혼합물을 크림 치즈에 넣어 부드러워질 때까지 점차적으로 휘젓습니다. 혼합물을 1갤런 지퍼락 냉동 백에 붓고 밀봉된 백을 얼음 욕조에 담급니다. 필요에 따라 얼음을 추가하여 차가워질 때까지 약 30분간 그대로 둡니다.

g) 냉동 냉동실에서 냉동 용기를 꺼내고 아이스크림 기계를 조립한 다음 전원을 켜세요. 아이스크림 베이스를 냉동 용기에 붓고 걸쭉하고 크림 같은 질감이 될 때까지 회전시킵니다.

h) 아이스크림을 보관 용기에 담아서 옥수수빵 자갈을 섞으세요. 양피지 한 장을 표면에 직접 누르고 밀폐 뚜껑으로 밀봉합니다. 냉동고의 가장 차가운 부분에서 단단해질 때까지 최소 4시간 동안 얼립니다.

15. 펌퍼니클 아이스크림

약 1쿼트가 됩니다.

재료:

- 전유 2⅔컵

- 1테이블스푼 + 옥수수 전분 2티스푼

- 부드러워진 크림 치즈 2온스(4테이블스푼)

- 고운 바다소금 ⅛작은술

- 헤비 크림 1½컵

- 설탕 ¼컵

- 당밀 2테이블스푼

- 가벼운 옥수수 시럽 2테이블스푼

- 캐러웨이 에센셜 오일 3~4방울

- 펌퍼니클 자갈 ½컵

지도:

a) 작은 그릇에 우유 2테이블스푼과 옥수수 전분을 섞어 부드러운 슬러리를 만듭니다.

b) 중간 크기의 그릇에 크림치즈와 소금을 넣고 부드러워질 때까지 휘젓습니다.

c) 큰 그릇에 얼음과 물을 채우세요.

d) 요리 남은 우유, 크림, 설탕, 당밀, 옥수수 시럽을 4쿼트 냄비에 넣고 중간 불로 끓인 후 4분간 끓입니다. 불을 끄고 옥수수 전분 슬러리를 서서히 섞습니다. 혼합물을 다시 중간 불로 끓이고 내열 주걱으로 저어주면서 약간 걸쭉해질 때까지 약 1분간 조리합니다. 열에서 제거하십시오.

e) 식히기 뜨거운 우유 혼합물을 크림 치즈에 넣어 부드러워질 때까지 점차적으로 휘젓습니다. 혼합물을 1갤런 지퍼락 냉동 백에 붓고 밀봉된 백을 얼음 욕조에 담급니다. 필요에 따라 얼음을 추가하여 차가워질 때까지 약 30분간 그대로 둡니다.

f) 냉동 냉동실에서 냉동 용기를 꺼내고 아이스크림 기계를 조립한 다음 전원을 켜세요. 아이스크림 베이스를 용기에 붓고 캐러웨이 오일을 추가한 후 걸쭉하고 크림처럼 될 때까지 회전합니다.

g) 아이스크림을 저장 용기에 담아서 펌퍼니클 자갈을 섞으세요. 양피지 한 장을 표면에 직접 누르고 밀폐 뚜껑으로 밀봉합니다.

h) 냉동고의 가장 차가운 부분에서 단단해질 때까지 최소 4시간 동안 얼립니다.

16. 벌새 케이크 아이스크림

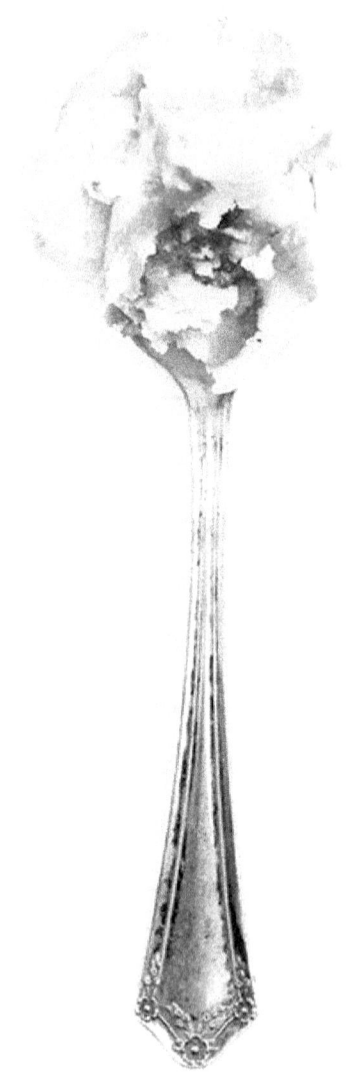

약 1쿼트가 됩니다.

재료:

- 레이디 케이크 ½컵 , 냉장 보관

- 차가운 파인애플 소스 3테이블스푼

- 다진 구운 피칸 2테이블스푼

- 전유 2⅔컵

- 1테이블스푼 + 옥수수 전분 2티스푼

- 부드러워진 크림 치즈 5온스(10테이블스푼)

- 계피가루 ¼티스푼

- 고운 바다소금 ⅛작은술

- 헤비 크림 1½컵

- 설탕 ¼컵

- 가벼운 옥수수 시럽 ¼컵

- 잘 익은 바나나 1개

- 바닐라 추출물 1티스푼

지도:

a) 케이크, 파인애플 소스, 피칸을 큰 그릇에 넣고 섞은 뒤 나중에 사용하기 위해 얼립니다.

b) 작은 그릇에 우유 2테이블스푼과 옥수수 전분을 섞어 부드러운 슬러리를 만듭니다.

c) 중간 크기의 그릇에 크림치즈, 계피, 소금을 넣고 부드러워질 때까지 휘젓습니다.

d) 큰 그릇에 얼음과 물을 채우세요

e) 요리 남은 우유, 크림, 설탕, 옥수수 시럽을 4쿼트 냄비에 넣고 중간 불로 끓인 후 4분간 끓입니다. 불을 끄고 옥수수 전분 슬러리를 서서히 섞습니다. 다시 중간 불로 끓이고 내열 주걱으로 저어가며 약간 걸쭉해질 때까지 약 1분간 조리합니다. 열에서 제거하십시오.

f) 식히기 뜨거운 우유 혼합물을 크림 치즈에 넣어 부드러워질 때까지 점차적으로 휘젓습니다.

g) 바나나 껍질을 벗기고 덩어리로 자른 다음 완전히 부드러워질 때까지 푸드 프로세서에 넣고 퓌레로 만듭니다. 퓌레를 아이스크림 베이스에 넣고 바닐라 추출액을 넣고 휘젓습니다. 혼합물을 1갤런 지퍼락 냉동 백에 붓고 밀봉된 백을 얼음 욕조에 담급니다. 필요에 따라 얼음을 추가하여 차가워질 때까지 약 30분간 그대로 둡니다.

h) 냉동 냉동실에서 냉동 용기를 꺼내고 아이스크림 기계를 조립한 다음 전원을 켜세요. 아이스크림 베이스를 냉동 용기에 붓고 걸쭉하고 크림 같은 질감이 될 때까지 회전시킵니다.

i) 소프트 아이스크림을 케이크/파인애플 소스/피칸 혼합물에 넣고 완전히 섞일 때까지 함께 접습니다. 아이스크림이 녹지 않도록 빠르게 작업하세요! 보관 용기에 담으세요.

j) 양피지 한 장을 표면에 직접 누르고 밀폐 뚜껑으로 밀봉합니다. 냉동고의 가장 차가운 부분에서 단단해질 때까지 최소 4시간 동안 얼립니다.

17. 망고 만체고 아이스크림

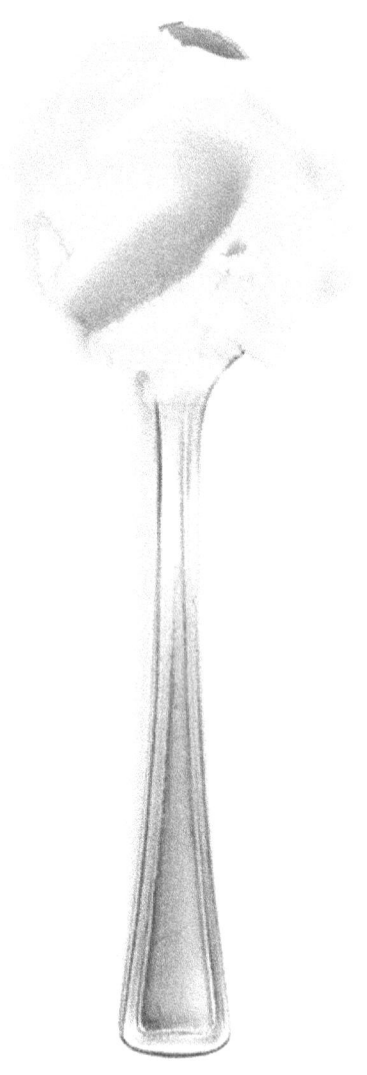

약 1쿼트가 됩니다.

재료:

- 전유 2⅔컵

- 1테이블스푼 + 옥수수 전분 2티스푼

- 부드러워진 크림 치즈 2온스(4테이블스푼)

- 고운 바다소금 ⅛작은술

- 헤비 크림 1½컵

- 설탕 ¼컵

- 가벼운 옥수수 시럽 ¼컵

- 잘게 썬 만체고 1컵

- 망고 잼 ½컵

지도:

a) 작은 그릇에 우유 2테이블스푼과 옥수수 전분을 섞어 부드러운 슬러리를 만듭니다.

b) 중간 크기의 그릇에 크림치즈와 소금을 넣고 부드러워질 때까지 휘젓습니다.

c) 큰 그릇에 얼음과 물을 채우세요.

d) 요리 남은 우유, 크림, 설탕, 옥수수 시럽을 4쿼트 냄비에 넣고 중간 불로 끓인 후 4분간 끓입니다.

불을 끄고 옥수수 전분 슬러리와 만체고를 서서히 섞습니다. 혼합물을 다시 중간 불로 끓이고 내열 주걱으로 저어주면서 약간 걸쭉해질 때까지 약 1분간 조리합니다. 열에서 제거하십시오.

e) 식히기 뜨거운 우유 혼합물을 크림 치즈에 넣어 부드러워질 때까지 점차적으로 휘젓습니다. 혼합물을 1갤런 지퍼락 냉동 백에 붓고 밀봉된 백을 얼음 욕조에 담급니다. 필요에 따라 얼음을 추가하여 차가워질 때까지 약 30분간 그대로 둡니다.

f) 냉동 냉동실에서 냉동 용기를 꺼내고 아이스크림 기계를 조립한 다음 전원을 켜세요. 아이스크림 베이스를 용기에 붓고 걸쭉하고 크림 같은 질감이 될 때까지 회전시킵니다.

g) 아이스크림을 보관 용기에 담아서 잼을 겹겹이 쌓으세요. 양피지 한 장을 표면에 직접 누르고 밀폐 뚜껑으로 밀봉합니다.

h) 냉동고의 가장 차가운 부분에서 단단해질 때까지 최소 4시간 동안 얼립니다.

18. 문사인& 옥수수 시럽 커스터드

약 1 쿼트가 됩니다.

재료:

- 전유 2⅔컵

- 1테이블스푼 + 옥수수 전분 2티스푼

- 부드러워진 크림 치즈 2온스(4테이블스푼)

- 고운 바다소금 ⅛작은술

- 헤비 크림 1½컵

- 설탕 ⅔컵

- 가벼운 옥수수 시럽 ¼컵

- 월계수 또는 화이트 위스키 ⅓~½컵

- ⅔ 컵 구운 소금에 절인 피칸 반쪽

- 옥수수 시럽 커스터드 ½컵

지도:

a) 작은 그릇에 우유 2테이블스푼과 옥수수 전분을 섞어 부드러운 슬러리를 만듭니다.

b) 중간 크기의 그릇에 크림치즈와 소금을 넣고 부드러워질 때까지 휘젓습니다.

c) 큰 그릇에 얼음과 물을 채우세요.

d) 요리 남은 우유, 크림, 설탕, 옥수수 시럽을 4쿼트 냄비에 넣고 중간 불로 끓인 후 4분간 끓입니다. 불을 끄고 옥수수 전분 슬러리를 서서히 섞습니다. 혼합물을 다시 중간 불로 끓이고 내열 주걱으로 저어주면서 약간 걸쭉해질 때까지 약 1분간 조리합니다. 열에서 제거하십시오.

e) 식히기 뜨거운 우유 혼합물을 크림 치즈에 넣어 부드러워질 때까지 점차적으로 휘젓습니다. 혼합물을 1갤런 지퍼락 냉동 백에 붓고 밀봉된 백을 얼음 욕조에 담급니다. 필요에 따라 얼음을 추가하여 차가워질 때까지 약 30분간 그대로 둡니다. 달빛을 저어주세요.

f) 냉동 냉동실에서 냉동 용기를 꺼내고 아이스크림 기계를 조립한 다음 전원을 켜세요. 아이스크림 베이스를 용기에 붓고 걸쭉하고 크림 같은 질감이 될 때까지 회전시킵니다.

g) 아이스크림을 저장 용기에 담아서 피칸과 커스터드를 겹겹이 쌓으세요. 양피지 한 장을 표면에 직접 누르고 밀폐 뚜껑으로 밀봉합니다.

h) 냉동고의 가장 차가운 부분에서 단단해질 때까지 최소 4시간 동안 얼립니다.

19. 백악관 체리 아이스크림

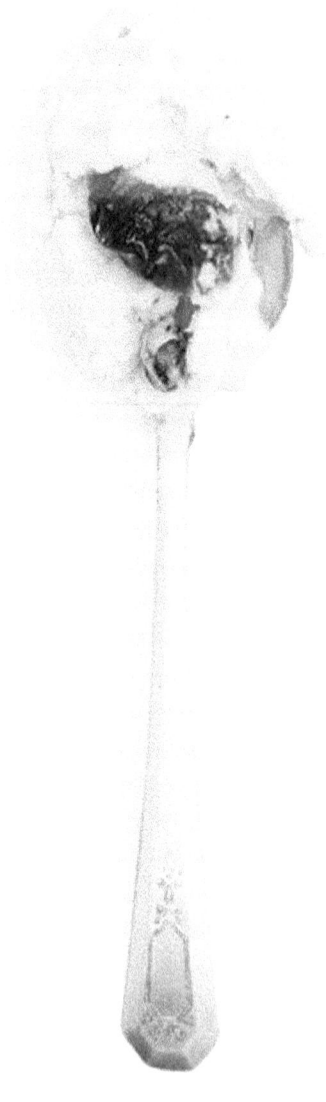

약 1쿼트가 됩니다.

재료:

- 전유 2⅔컵

- 1테이블스푼 + 옥수수 전분 2티스푼

- 부드러워진 크림 치즈 2온스(4테이블스푼)

- 고운 바다소금 ⅛작은술

- 헤비 크림 1½컵

- 설탕 ¼컵

- 가벼운 옥수수 시럽 ¼컵

- 벚꽃추출물 1~2방울

- 잘게 썬 화이트 초콜릿 4온스

- 물기를 뺀 백악관 체리 ¼컵

- 피스타치오 한 줌(선택사항)

지도:

a) 작은 그릇에 우유 2테이블스푼과 옥수수 전분을 섞어 부드러운 슬러리를 만듭니다.

b) 중간 크기의 그릇에 크림치즈와 소금을 넣고 부드러워질 때까지 휘젓습니다.

c) 큰 그릇에 얼음과 물을 채우세요.

d) 요리 남은 우유, 크림, 설탕, 옥수수 시럽을 4쿼트 냄비에 넣고 중간 불로 끓인 후 4분간 끓입니다. 불을 끄고 옥수수 전분 슬러리를 서서히 섞습니다. 혼합물을 다시 중간 불로 끓이고 내열 주걱으로 저어주면서 약간 걸쭉해질 때까지 약 1분간 조리합니다. 열에서 제거하십시오.

e) 식히기 뜨거운 우유 혼합물을 크림 치즈에 넣어 부드러워질 때까지 점차적으로 휘젓습니다. 혼합물을 1갤런 지퍼락 냉동 백에 붓고 밀봉된 백을 얼음 욕조에 담급니다. 필요에 따라 얼음을 추가하여 차가워질 때까지 약 30분간 그대로 둡니다.

f) 냉동 냉동실에서 냉동 용기를 꺼내고 아이스크림 기계를 조립한 다음 전원을 켜세요. 아이스크림 베이스를 캐니스터에 붓고 벚꽃 추출물을 추가한 후 걸쭉하고 크림 같은 질감이 될 때까지 회전합니다. 그 동안 끓는 물 위에 이중 냄비에 초콜릿을 녹입니다. 불을 끄고 미지근하면서도 부을 수 있을 때까지 식혀주세요.

g) 아이스크림이 거의 완성되면 녹인 초콜릿을 기계 상단의 구멍을 통해 점차적으로 붓고 굳힌 다음 약 2분 동안 아이스크림에 넣어 녹입니다.

h) 아이스크림을 보관 용기에 담아서 사용하는 경우 체리와 피스타치오를 접습니다. 양피지 한 장을 표면에 직접 누르고 밀폐 뚜껑으로 밀봉합니다.

i) 냉동고의 가장 차가운 부분에서 단단해질 때까지 최소 4시간 동안 얼립니다.

20. 아주 고소 아이스크림

약 1쿼트가 됩니다.

재료:

- 전유 2⅔컵

- 1테이블스푼 + 옥수수 전분 2티스푼

- 부드러워진 크림 치즈 2온스(4테이블스푼)

- 고운 바다소금 ⅛작은술

- 헤비 크림 1½컵

- 설탕 ¼컵

- 가벼운 옥수수 시럽 ¼컵

- 스모크 포터 ⅓컵

- 로즈마리 바 너트 ½컵

지도:

a) 작은 그릇에 우유 2테이블스푼과 옥수수 전분을 섞어 부드러운 슬러리를 만듭니다.

b) 중간 크기의 그릇에 크림치즈와 소금을 넣고 부드러워질 때까지 휘젓습니다.

c) 큰 그릇에 얼음과 물을 채우세요.

d) 요리 남은 우유, 크림, 설탕, 옥수수 시럽을 4쿼트 냄비에 넣고 중간 불로 끓인 후 4분간 끓입니다.

e) 불을 끄고 옥수수 전분 슬러리를 서서히 섞습니다.
    혼합물을 다시 중간 불로 끓이고 내열 주걱으로
    저어주면서 약간 걸쭉해질 때까지 약 1분간
    조리합니다. 열에서 제거하십시오.

f) 식히기 뜨거운 우유 혼합물을 크림 치즈에 넣고
    부드러워질 때까지 서서히 휘젓은 다음 맥주를 넣고
    저어줍니다. 혼합물을 1갤런 지퍼락 냉동 백에 붓고
    밀봉된 백을 얼음 욕조에 담급니다. 필요에 따라
    얼음을 추가하여 차가워질 때까지 약 30분간 그대로
    둡니다.

g) 냉동 냉동실에서 냉동 용기를 꺼내고 아이스크림
    기계를 조립한 다음 전원을 켜세요. 아이스크림
    베이스를 용기에 붓고 걸쭉하고 크림 같은 질감이
    될 때까지 회전시킵니다.

h) 아이스크림을 보관 용기에 담아서 바 너트를 접어
    넣으세요 . 양피지 한 장을 표면에 직접 누르고
    밀폐 뚜껑으로 밀봉합니다.

i) 냉동고의 가장 차가운 부분에서 단단해질 때까지
    최소 4시간 동안 얼립니다.

21. 버터밀크 소프트 아이스크림

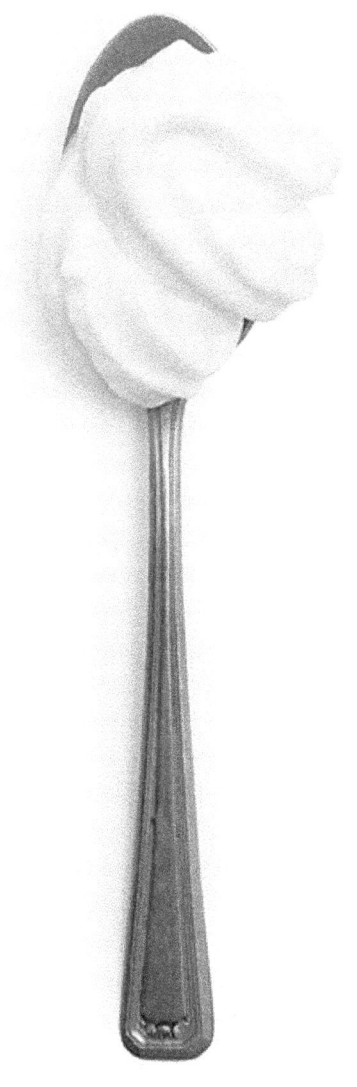

약 1쿼트가 됩니다.

재료:

- 헤비 크림 1¼컵

- 옥수수 전분 2테이블스푼

- 부드러워진 크림 치즈 3온스(6테이블스푼)

- 고운 바다소금 ¼티스푼

- 설탕 ⅔컵

- 가벼운 옥수수 시럽 2테이블스푼

- 버터밀크 2½컵, 전유 또는 2% 우유

지도:

a) 작은 그릇에 크림 3~4테이블스푼과 옥수수 전분을 섞어 부드러운 슬러리를 만듭니다.

b) 중간 크기의 그릇에 크림치즈와 소금을 넣고 부드러워질 때까지 휘젓습니다.

c) 큰 그릇에 얼음과 물을 채우세요.

d) 요리 남은 크림, 설탕, 옥수수 시럽을 4쿼트 냄비에 넣고 중간 불로 끓인 후 4분간 끓입니다. 불을 끄고 옥수수 전분 슬러리를 서서히 섞습니다. 혼합물을 다시 중간 불로 끓이고 내열 주걱으로

저으면서 약간 걸쭉해질 때까지 약 20초간
조리합니다. 열에서 제거하십시오.

e) 식히기 뜨거운 우유 혼합물을 크림 치즈에 넣어
부드러워질 때까지 점차적으로 휘젓습니다.
버터밀크를 넣고 저어주세요.

f) 혼합물을 1갤런짜리 지퍼백 에 붓고 밀봉된 백을
얼음 욕조에 담급니다. 필요에 따라 얼음을
추가하여 차가워질 때까지 약 30분간 그대로 둡니다
.

g) 꼭 매달리게 하다

h) 소프트 아이스크림 기계를 사용하는 경우

i) 냉동실에서 냉동 용기를 꺼내고 아이스크림 기계를
조립한 후 전원을 켜세요. 아이스크림 베이스를
용기에 붓고 걸쭉하고 크림 같은 질감이 될 때까지
회전시킵니다. 손잡이를 사용하여 아이스크림 일부를
그릇에 담으세요. 아이스크림이 너무 부드러우면
다시 넣고 원하는 농도가 될 때까지 계속
저어주세요. 즉시 봉사하십시오

j) 일반 아이스크림 기계를 사용하는 경우

k) 냉동실에서 냉동 용기를 꺼내고 아이스크림 기계를
조립한 후 전원을 켜세요. 아이스크림 베이스를
용기에 붓고 걸쭉하고 크림 같은 질감이 될 때까지
회전시킵니다.

l) 기계에서 직접 서빙하거나 떠서 먹을 수 있는 경우 아이스크림을 보관 용기에 포장합니다. 양피지 한 장을 표면에 직접 누르고 밀폐 뚜껑으로 밀봉합니다.

m) 냉동고의 가장 차가운 부분에서 단단해질 때까지 최소 4시간 동안 얼립니다.

커스터드

22. 솔티 바닐라 냉동 커스터드

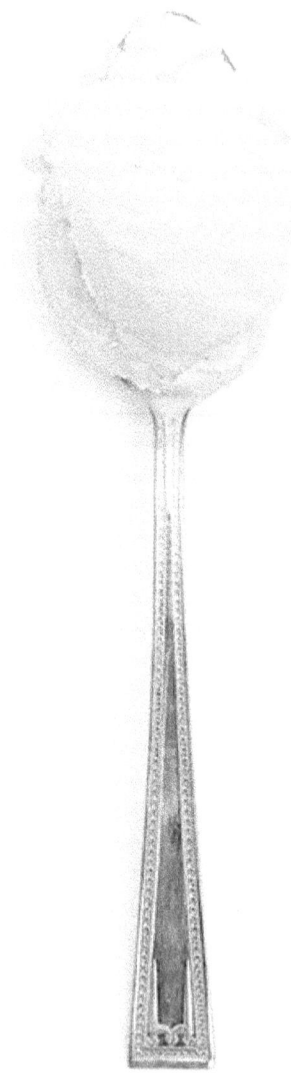

약 1 쿼트가 됩니다.

재료:

- 전유 2½컵

- 큰 달걀 노른자 6개

- 1테이블스푼 + 옥수수 전분 2티스푼

- 부드러워진 크림 치즈 1온스(2테이블스푼)

- 고운 바다소금 ¼티스푼

- 바닐라 추출물 3티스푼

- 헤비 크림 1컵

- 설탕 ¼컵

- 가벼운 옥수수 시럽 2테이블스푼

지도:

a) 작은 그릇에 우유, 달걀 노른자, 옥수수 전분 약 2 테이블스푼을 섞어 따로 보관해 둡니다.

b) 중간 크기의 그릇에 크림치즈, 소금, 바닐라를 넣고 부드러워질 때까지 휘젓습니다.

c) 큰 그릇에 얼음과 물을 채우세요.

d) 요리 남은 우유, 크림, 설탕, 옥수수 시럽을 4쿼트 냄비에 넣고 중간 불로 끓인 후 4분간 끓입니다.

e) 불을 끄고 뜨거운 우유 혼합물 약 2컵을 계란 노른자 혼합물에 한 번에 한 국자씩 서서히 첨가하고, 첨가할 때마다 잘 저어줍니다.

f) 혼합물을 냄비에 다시 붓고 혼합물이 끓을 때까지 내열 주걱으로 계속 저어주며 중간 불로 가열합니다. 필요하면 불을 끄고 체에 걸러냅니다.

g) 식히기 뜨거운 우유 혼합물을 크림 치즈 혼합물에 넣고 부드러워질 때까지 점차적으로 휘젓습니다. 혼합물을 1갤런 지퍼락 냉동 백에 붓고 밀봉된 백을 얼음 욕조에 담급니다. 필요에 따라 얼음을 추가하여 차가워질 때까지 약 30분간 그대로 둡니다.

h) 냉동 냉동실에서 냉동 용기를 꺼내고 아이스크림 기계를 조립한 다음 전원을 켜세요. 커스터드 베이스를 용기에 붓고 두껍고 크림처럼 될 때까지 회전시킵니다.

i) 커스터드를 보관 용기에 담습니다. 양피지 한 장을 표면에 직접 누르고 밀폐 뚜껑으로 밀봉합니다. 냉동고의 가장 차가운 부분에서 단단해질 때까지 최소 4시간 동안 얼립니다.

23. 프렌치 토스트 냉동 커스터드

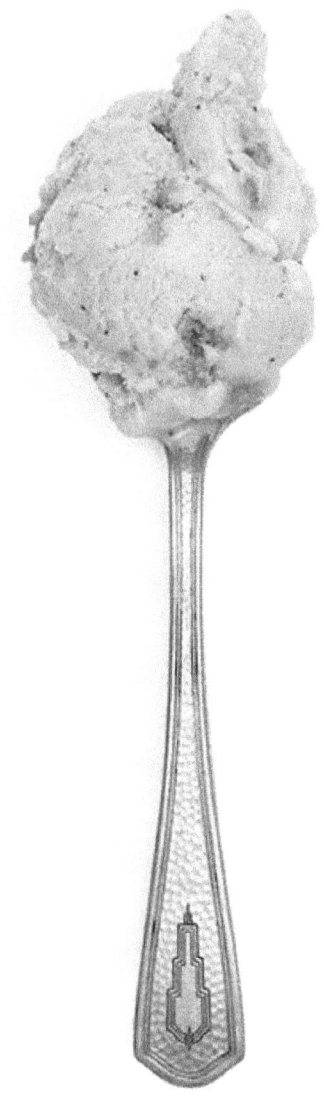

약 1쿼트가 됩니다.

재료:

- 전유 2½컵

- 큰 달걀 노른자 6개

- 1테이블스푼 + 옥수수 전분 2티스푼

- 부드러워진 크림 치즈 1온스(2테이블스푼)

- 바닐라 추출물 ½티스푼

- 계피가루 1티스푼

- 갓 로스팅하여 잘게 분쇄한 커피 1티스푼

- 소금 ¼티스푼

- 헤비 크림 1컵

- 가벼운 옥수수 시럽 2테이블스푼

- 메이플 시럽 1½컵

- 브리오슈 큐브(브리오슈 2~3조각), 구운 것 또는
  프렌치 토스트 그래블 ½컵(¼인치)

지도:

a) 작은 그릇에 우유, 달걀 노른자, 옥수수 전분 약 2
   테이블스푼을 섞어 따로 보관해 둡니다.

b) 중간 크기의 그릇에 크림치즈, 바닐라, 계피, 커피, 소금을 넣고 부드러워질 때까지 휘젓습니다.

c) 작은 그릇에 크림과 옥수수 시럽을 섞습니다.

d) 큰 그릇에 얼음과 물을 채우세요.

e) 요리 4쿼트 냄비에 메이플 시럽을 넣고 중간 불로 끓입니다. 불을 중간으로 줄이고 시럽이 절반으로 줄어들 때까지 8분간 계속 조리합니다. 불을 끄고 크림 혼합물을 한 번에 한 국자씩 서서히 첨가하면서 계속 저어줍니다. 남은 우유를 저어주세요.

f) 냄비를 쿡탑에 다시 놓고 중간 불로 가열하여 혼합물을 끓게 만든 다음 4분간 조리합니다(산성 단풍나무 때문에 응고된 것처럼 보일 수 있지만 완성된 커스터드에서는 다시 합쳐집니다).

g) 불을 끄고 이 혼합물 약 2컵을 달걀 노른자 혼합물에 한 번에 한 국자씩 서서히 첨가하고, 첨가 후 잘 저어줍니다.

h) 혼합물을 냄비에 붓고 혼합물이 다시 끓을 때까지 중간 불로 가열한 후 불을 끄세요. 필요한 경우 체를 통해 걸러냅니다.

i) 식히기 뜨거운 우유 혼합물을 크림 치즈 혼합물에 넣고 부드러워질 때까지 점차적으로 휘젓습니다. 혼합물을 1갤런 지퍼락 냉동 백에 붓고 밀봉된 백을

얼음 욕조에 담급니다. 필요에 따라 얼음을
추가하여 차가워질 때까지 약 30분간 그대로 둡니다
.

j) 냉동 냉동실에서 냉동 용기를 꺼내고 아이스크림
    기계를 조립한 다음 전원을 켜세요. 커스터드
    베이스를 용기에 붓고 걸쭉하고 크림 같은 질감이
    될 때까지 회전시킵니다.

k) 커스터드를 저장 용기에 담아서 구운 브리오슈
    큐브를 섞으세요. 양피지 한 장을 표면에 직접
    누르고 밀폐 뚜껑으로 밀봉합니다. 냉동고의 가장
    차가운 부분에서 단단해질 때까지 최소 4시간 동안
    얼립니다.

24. 에그노그 냉동 커스터드

약 1쿼트가 됩니다.

재료:

- 전유 2½컵

- 큰 달걀 노른자 6개

- 1테이블스푼 + 옥수수 전분 2티스푼

- 부드러워진 크림 치즈 1온스(2테이블스푼)

- 고운 바다소금 ½티스푼

- ⅛ 티스푼 간 육두구

- 바닐라 추출물 ½티스푼

- 헤비 크림 1컵

- 설탕 ¼컵

- 가벼운 옥수수 시럽 2테이블스푼

- 위스키(또는 럼이나 브랜디) ¼컵

지도:

a) 작은 그릇에 우유, 달걀 노른자, 옥수수 전분 약 2 테이블스푼을 섞어 따로 보관해 둡니다.

b) 중간 크기의 그릇에 크림 치즈, 소금, 육두구, 바닐라를 넣고 부드러워질 때까지 휘젓습니다.

c) 큰 그릇에 얼음과 물을 채우세요

d) 요리 남은 우유, 크림, 설탕, 옥수수 시럽을 4쿼트 냄비에 넣고 중간 불로 끓인 후 4분간 끓입니다.

e) 불을 끄고 뜨거운 우유 혼합물 약 2컵을 계란 노른자 혼합물에 한 번에 한 국자씩 서서히 첨가하고, 첨가할 때마다 잘 저어줍니다.

f) 혼합물을 냄비에 다시 붓고 혼합물이 끓을 때까지 내열 주걱으로 계속 저어주며 중간 불로 가열합니다. 필요하면 불을 끄고 체에 걸러냅니다.

g) 식히기 뜨거운 우유 혼합물을 크림 치즈 혼합물에 넣고 부드러워질 때까지 점차적으로 휘젓습니다. 혼합물을 1갤런 지퍼락 냉동 백에 붓고 밀봉된 백을 얼음 욕조에 담급니다. 필요에 따라 얼음을 추가하여 차가워질 때까지 약 30분간 그대로 둡니다.

h) 냉동 냉동실에서 냉동 용기를 꺼내고 아이스크림 기계를 조립한 다음 전원을 켜세요. 커스터드 베이스를 용기에 붓고 위스키를 추가한 후 걸쭉하고 크림처럼 될 때까지 회전시킵니다.

i) 커스터드를 보관 용기에 담습니다. 양피지 한 장을 표면에 직접 누르고 밀폐 뚜껑으로 밀봉합니다. 냉동고의 가장 차가운 부분에서 단단해질 때까지 최소 4시간 동안 얼립니다.

25. 오렌지블라썸 비스크 커스터드

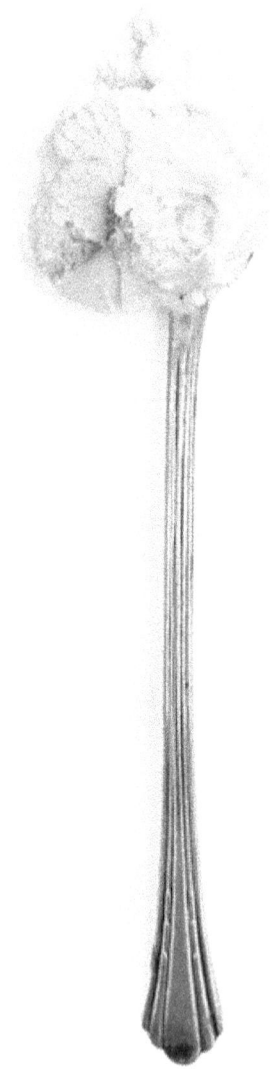

약 1쿼트가 됩니다.

재료:

- 전유 2½컵

- 큰 달걀 노른자 6개

- 1테이블스푼 + 옥수수 전분 2티스푼

- 부드러워진 크림 치즈 1온스(2테이블스푼)

- 바닐라 추출물 2티스푼

- 아몬드 추출물 ¼티스푼

- 고운 바다소금 ½티스푼

- 헤비 크림 1컵

- 설탕 ¼컵

- 가벼운 옥수수 시럽 2테이블스푼

- 네롤리 에센셜 오일 1~2방울

- 아주 잘게 다진 구운 아몬드 ½컵

- 부서진 아마레티 쿠키 ½컵

- 아마레나 체리 12~16개(출처 참조 , 선택 사항)

지도:

a) 작은 그릇에 우유, 달걀 노른자, 옥수수 전분 약 2 테이블스푼을 섞어 따로 보관해 둡니다.

b) 중간 크기의 그릇에 크림치즈, 바닐라, 아몬드 추출물, 소금을 넣고 부드러워질 때까지 휘젓습니다.

c) 큰 그릇에 얼음과 물을 채우세요.

d) 요리 남은 우유, 크림, 설탕, 옥수수 시럽을 4쿼트 냄비에 넣고 중간 불로 끓인 후 4분간 끓입니다.

e) 불을 끄고 뜨거운 우유 혼합물 약 2컵을 계란 노른자 혼합물에 한 번에 한 국자씩 서서히 첨가하고, 첨가할 때마다 잘 저어줍니다.

f) 혼합물을 냄비에 다시 붓고 혼합물이 끓을 때까지 내열 주걱으로 계속 저어주며 중간 불로 가열합니다. 필요하면 불을 끄고 체에 걸러냅니다.

g) 식히기 뜨거운 우유 혼합물을 크림 치즈 혼합물에 넣고 부드러워질 때까지 점차적으로 휘젓습니다. 혼합물을 1갤런 지퍼락 냉동 백에 붓고 밀봉된 백을 얼음 욕조에 담급니다. 필요에 따라 얼음을 추가하여 차가워질 때까지 약 30분간 그대로 둡니다.

h) 냉동 냉동실에서 냉동 용기를 꺼내고 아이스크림 기계를 조립한 다음 전원을 켜세요. 커스터드 베이스를 용기에 붓고 너룰리 에센셜 오일을 상단에

떨어뜨린 다음 걸쭉하고 크림처럼 될 때까지 회전시킵니다.

i) 커스터드를 저장 용기에 담아 구운 아몬드와 아마레티를 겹겹이 쌓으세요. 양피지 한 장을 표면에 직접 누르고 밀폐 뚜껑으로 밀봉합니다. 냉동고의 가장 차가운 부분에서 단단해질 때까지 최소 4시간 동안 얼립니다.

j) 사용하는 경우 체리로 장식하여 서빙하세요.

26. 카라멜 크렘 산스 레이트

약 1쿼트가 됩니다.

재료:

- 아몬드 우유 2½컵

- 타피오카 전분 2테이블스푼

- 생 캐슈 ⅓컵

- 비건 크림 치즈 2온스(4테이블스푼)

- 실온의 정제된 코코넛 오일 1¼컵

- 고운 바다소금 ½티스푼

- ⅓컵 가벼운 옥수수 시럽

- 설탕 ⅔컵

- 바닐라빈 1개, 쪼개어 씨를 긁어내고 씨와 콩은 따로 보관

지도:

a) 섞어 부드러운 슬러리를 만듭니다. 생 캐슈넛을 사용하는 경우 푸드 프로세서나 막자사발을 사용하여 아주 고운 페이스트로 분쇄하세요.

b) 코코넛 오일, 캐슈 페이스트, 소금을 사용하는 경우 크림 치즈를 그릇에 넣고 부드럽고 크리미해질 때까지 휘젓습니다.

c) 그릇에 남은 아몬드 우유에 옥수수 시럽을 붓습니다.

d) 큰 그릇에 얼음과 물을 채우세요.

e) 요리 4쿼트 냄비에 설탕이 녹고 황금색 호박색이 될 때까지 중간 불로 가열합니다 .

f) 불을 끄고 계속 저으면서 약간의 아몬드 우유 혼합물을 캐러멜에 천천히 첨가합니다. 그러면 거품이 생기고 터지고 뿜어져 나옵니다.

g) 잘 섞일 때까지 저어준 후 아몬드 우유를 조금 더 넣고 저어주세요. 우유가 모두 섞일 때까지 한 번에 조금씩 우유를 계속 추가하세요.

h) 타피오카 전분 슬러리와 바닐라 씨, 콩을 천천히 섞습니다. 팬을 다시 불에 올려 중간 불로 끓인 후 내열 주걱으로 저어가며 혼합물이 약간 걸쭉해질 때까지 20~30초간 조리합니다.

i) 열에서 제거하십시오. 캐러멜 조각이 남아 있으면 혼합물을 체에 걸러냅니다.

j) 식히기 뜨거운 우유 혼합물을 크림 치즈 혼합물에 넣고 잘 섞일 때까지 저어줍니다.

k) 혼합물을 1갤런 지퍼락 냉동 백에 붓고 밀봉된 백을 얼음 욕조에 담급니다. 필요에 따라 얼음을 추가하여 차가워질 때까지 약 30분간 그대로 둡니다 .

l) 냉동 냉동실에서 냉동 용기를 꺼내고 아이스크림 기계를 조립한 다음 전원을 켜세요. 크림 베이스를 용기에 붓고 걸쭉하고 크림 같은 질감이 될 때까지 회전시킵니다.

m) 바닐라 빈을 제거하고 버립니다. 크림을 보관 용기에 담으세요.

n) 양피지 한 장을 표면에 직접 누르고 밀폐 뚜껑으로 밀봉합니다.

o) 냉동고의 가장 차가운 부분에서 단단해질 때까지 최소 4시간 동안 얼립니다.

냉동 요구르트

27. 신선한 생강 냉동 요구르트

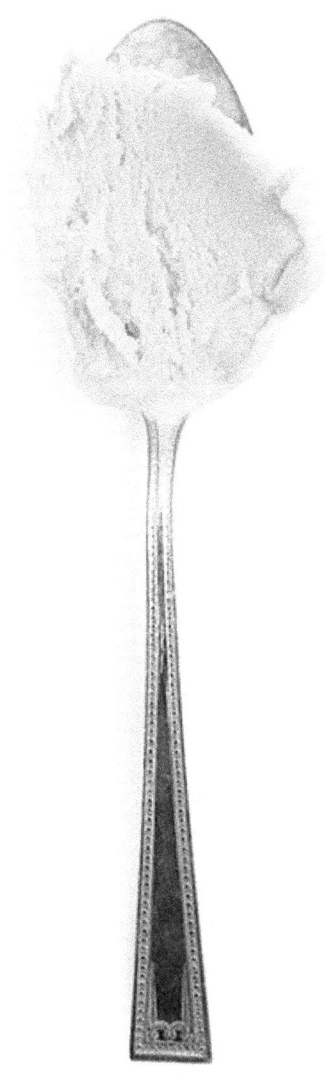

약 1쿼트가 됩니다.

재료:

프로즌 요거트 베이스

- 플레인 저지방 요구르트 1쿼트

- 전유 1½컵

- 옥수수 전분 2테이블스푼

- 부드러워진 크림 치즈 2온스(4테이블스푼)

- 비트 가루 ½작은술(색상은 출처 참조, 선택 사항)

- 강황 ⅛티스푼(색상용, 선택사항)

- 헤비 크림 ½컵

- 설탕 ⅔컵

- 가벼운 옥수수 시럽 ¼컵

생강 시럽

- 신선한 레몬 주스 ½컵(레몬 2~3개)

- 설탕 3테이블스푼

- 껍질을 벗겨 ⅛인치 동전으로 자른 신선한 생강 2온스(약 4인치 길이)

- 생강가루 ½티스푼

지도:

걸쭉한 요구르트의 경우

a) 그릇 위에 체를 놓고 그 위에 무명천을 두 겹 깔아줍니다. 요거트를 체에 붓고 비닐랩으로 덮어 냉장보관하여 6~8시간 동안 물기를 빼주세요. 액체를 버리고 걸러낸 요구르트 1¼컵을 측정합니다. 따로.

생강 시럽의 경우

b) 작은 냄비에 레몬즙과 설탕을 넣고 중간 불로 끓이면서 설탕이 녹을 때까지 저어줍니다. 불을 끄고 얇게 썬 생강과 생강가루를 넣고 식혀주세요. 얇게 썬 생강을 걸러내고 시럽을 따로 보관해 두세요.

프로즌 요거트 베이스의 경우

c) 작은 그릇에 우유 2테이블스푼과 옥수수 전분을 섞어 부드러운 슬러리를 만듭니다.

d) 크림치즈, 비트 가루, 강황(사용하는 경우)을 중간 크기의 그릇에 넣고 부드러워질 때까지 휘젓습니다.

e) 큰 그릇에 얼음과 물을 채우세요.

f) 요리 남은 우유, 크림, 설탕, 옥수수 시럽을 4쿼트 냄비에 넣고 중간 불로 끓인 후 4분간 끓입니다. 불을 끄고 옥수수 전분 슬러리를 서서히 섞습니다.

혼합물을 다시 중간 불로 끓이고 내열 주걱으로 저어주면서 약간 걸쭉해질 때까지 약 1분간 조리합니다. 열에서 제거하십시오.

g) 식히기 뜨거운 우유 혼합물을 크림 치즈에 넣어 부드러워질 때까지 점차적으로 휘젓습니다. 요구르트 1¼컵과 생강 시럽을 추가합니다. 혼합물을 1갤런 지퍼락 냉동 백에 붓고 밀봉된 백을 얼음 욕조에 담급니다. 필요에 따라 얼음을 추가하여 차가워질 때까지 약 30분간 그대로 둡니다 .

h) 냉동 냉동실에서 냉동 용기를 꺼내고 아이스크림 기계를 조립한 다음 전원을 켜세요. 냉동 요거트 베이스를 냉동 용기에 붓고 걸쭉하고 크림 같은 질감이 될 때까지 회전시킵니다.

i) 얼린 요구르트를 보관 용기에 담습니다. 양피지 한 장을 표면에 직접 누르고 밀폐 뚜껑으로 밀봉합니다 . 냉동고의 가장 차가운 부분에서 단단해질 때까지 최소 4시간 동안 얼립니다.

28. 신선한 복숭아 냉동 요구르트

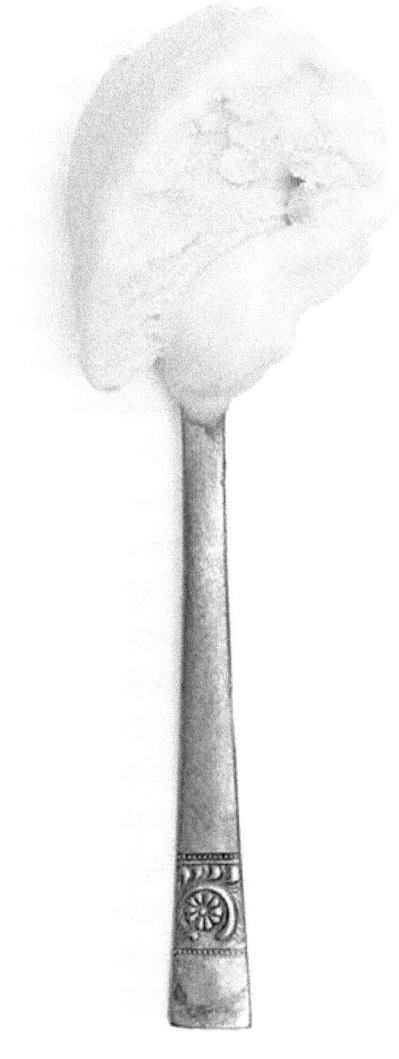

약 1쿼트가 됩니다.

재료:

프로즌 요거트 베이스

- 플레인 저지방 요구르트 1쿼트

- 버터밀크 ⅔컵 (또는 전유 추가)

- 전유 1컵

- 옥수수 전분 2테이블스푼

- 부드러워진 크림 치즈 2온스(4테이블스푼)

- 고운 바다소금 ¼티스푼

- 헤비 크림 ½컵

- 설탕 ⅔컵

- 가벼운 옥수수 시럽 ¼컵

복숭아 퓨레

- 껍질을 벗기고 씨를 제거한 후 거친 덩어리로 자른 잘 익은 황금 복숭아 2~3개

- 설탕 ⅓ 컵

- 신선한 레몬 주스 ¼컵(레몬 약 2개 분량)

지도:

걸쭉한 요구르트의 경우

a) 그릇 위에 체를 놓고 그 위에 무명천을 두 겹 깔아줍니다. 요구트를 체에 붓고 비닐랩으로 덮어 냉장보관하여 6~8시간 동안 물기를 빼주세요. 액체를 버리고 걸러낸 요구르트 1¼컵을 측정합니다. 버터밀크를 넣고 따로 보관해두세요.

냉동 요구르트의 경우

b) 작은 그릇에 우유 2테이블스푼과 옥수수 전분을 섞어 부드러운 슬러리를 만듭니다.

c) 중간 크기의 그릇에 크림치즈와 소금을 넣고 부드러워질 때까지 휘젓습니다.

d) 큰 그릇에 얼음과 물을 채우세요.

복숭아 퓨레의 경우

e) 푸드프로세서에 복숭아를 퓨레로 갈아줍니다. 퓨레 ⅔컵을 작은 그릇에 옮깁니다. 나머지는 다른 용도로 사용하세요.

f) 중간 크기 냄비에 설탕과 레몬즙을 넣고 설탕이 녹을 때까지 저어주며 중간 불로 끓입니다. 복숭아 퓨레에 넣고 식혀주세요.

g) 요리 남은 우유, 크림, 설탕, 옥수수 시럽을 4쿼트 냄비에 넣고 중간 불로 끓인 후 4분간 끓입니다. 불을 끄고 옥수수 전분 슬러리를 서서히 섞습니다.

혼합물을 다시 중간 불로 끓이고 내열 주걱으로 저어주면서 약간 걸쭉해질 때까지 약 1분간 조리합니다. 열에서 제거하십시오.

h) 식히기 뜨거운 우유 혼합물을 크림 치즈에 넣어 부드러워질 때까지 점차적으로 휘젓습니다. 예약된 1¼컵 요거트와 복숭아 퓌레를 추가합니다. 혼합물을 1갤런 지퍼락 냉동 백에 붓고 밀봉된 백을 얼음 욕조에 담급니다. 필요에 따라 얼음을 추가하여 차가워질 때까지 약 30분간 그대로 둡니다.

i) 냉동 냉동실에서 냉동 용기를 꺼내고 아이스크림 기계를 조립한 다음 전원을 켜세요. 냉동 요거트 베이스를 냉동 용기에 붓고 걸쭉하고 크림 같은 질감이 될 때까지 회전시킵니다.

j) 얼린 요구르트를 보관 용기에 담습니다. 양피지 한 장을 표면에 직접 누르고 밀폐 뚜껑으로 밀봉합니다. 냉동고의 가장 차가운 부분에서 단단해질 때까지 최소 4시간 동안 얼립니다.

29. 아이슬란드 케이크 냉동 요구르트

약 1쿼트가 됩니다.

재료:

- 전유 1½컵

- 옥수수 전분 2테이블스푼

- 스카이어 1¼컵

- 부드러워진 크림 치즈 2온스(4테이블스푼)

- 헤비 크림 ½컵

- 설탕 ⅔컵

- 가벼운 옥수수 시럽 ¼컵

- 레이디 케이크 ½컵 , 냉동

- 이젤 ½컵 , 추가로 20분간 구운 것

- ⅔ 컵 조림 대황 소스

지도:

a) 작은 그릇에 우유 2테이블스푼과 옥수수 전분을 섞어 부드러운 슬러리를 만듭니다.

b) 중간 크기의 그릇에 스카이어와 크림 치즈를 넣고 부드러워질 때까지 휘젓습니다.

c) 큰 그릇에 얼음과 물을 채우세요.

d) 요리 남은 우유, 크림, 설탕, 옥수수 시럽을 4쿼트 냄비에 넣고 중간 불로 끓인 후 4분간 끓입니다.

e) 불을 끄고 옥수수 전분 슬러리를 서서히 섞습니다. 혼합물을 다시 중간 불로 끓이고 내열 주걱으로 저어주면서 약간 걸쭉해질 때까지 약 1분간 조리합니다. 열에서 제거하십시오.

f) 식히기 뜨거운 우유 혼합물을 크림 치즈에 넣어 부드러워질 때까지 점차적으로 휘젓습니다. 혼합물을 1갤런 지퍼락 냉동 백에 붓고 밀봉된 백을 얼음 욕조에 담급니다. 필요에 따라 얼음을 추가하여 차가워질 때까지 약 30분간 그대로 둡니다.

g) 냉동 냉동실에서 냉동 용기를 꺼내고 아이스크림 기계를 조립한 다음 전원을 켜세요. 요거트 베이스를 용기에 붓고 걸쭉하고 크림 같은 질감이 될 때까지 회전시킵니다.

h) 빠르게 작업하여 냉동 요구르트를 저장 용기에 포장하고 냉동 요구르트, 케이크, 슈트로이젤, 대황 소스를 번갈아 가며 쌓습니다. 양피지 한 장을 표면에 직접 누르고 밀폐 뚜껑으로 밀봉합니다.

i) 냉동고의 가장 차가운 부분에서 단단해질 때까지 최소 4시간 동안 얼립니다.

셔벗

30. 벨라니 셔벗

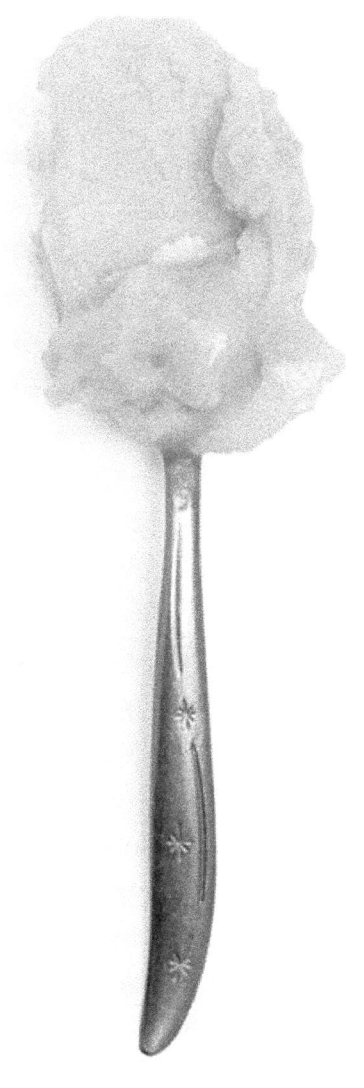

약 1쿼트가 됩니다.

재료:

- 껍질을 벗기고 씨를 제거한 후 푸드 프로세서에서 퓨레로 만든 잘 익은 복숭아 4개(약 1½파운드)

- 설탕 ⅔컵

- 가벼운 옥수수 시럽 ¼컵

- ⅔ 컵 화이트 버건디

- 신선한 레몬즙 3테이블스푼

지도:

a) 요리 으깬 복숭아, 설탕, 옥수수 시럽, 와인, 레몬즙을 중간 크기 냄비에 넣고 설탕이 녹을 때까지 저으면서 끓입니다. 중간 크기의 그릇으로 옮기고 식혀주세요.

b) 냉각 셔벗 베이스를 냉장고에 넣고 최소 2시간 동안 냉각시킵니다.

c) 냉동 냉동실에서 냉동 용기를 꺼내고 아이스크림 기계를 조립한 다음 전원을 켜세요. 셔벗 베이스를 용기에 붓고 매우 부드러운 휘핑 크림 정도의 농도가 될 때까지 회전시킵니다.

d) 셔벗을 보관 용기에 담습니다. 양피지 한 장을 표면에 직접 누르고 밀폐 뚜껑으로 밀봉합니다.

냉동고의 가장 차가운 부분에서 단단해질 때까지
최소 4시간 동안 얼립니다.

31. 자몽 셔벗

약 1쿼트가 됩니다.

재료:

- 포도 4개

- 신선한 레몬즙 3테이블스푼

- 가벼운 옥수수 시럽 ½컵

- 설탕 ⅔컵

- 선택적 방향제: 타라곤, 바질, 라벤더 가지 몇 개; 또는 반 바닐라빈을 반으로 갈라 씨를 제거한 것

- 보드카 ¼컵

지도:

a) 준비 필러를 사용하여 자몽 1개에서 껍질 3줄을 제거합니다. 포도 열매를 모두 반으로 자르고 즙을 3컵 짜냅니다.

b) 요리 4쿼트 냄비에 자몽 주스, 제스트, 레몬 주스, 옥수수 시럽, 설탕을 넣고 설탕이 녹을 때까지 저으면서 끓입니다. 중간 크기의 그릇에 옮기고, 사용하는 경우 방향제를 추가한 후 식힙니다.

c) 식히기 자몽 껍질을 제거합니다. 셔벗 베이스를 냉장고에 넣고 최소 2시간 동안 식혀주세요.

d) 냉동 냉장고에서 셔벗 베이스를 꺼내고 향료를 걸러냅니다. 보드카를 추가하세요. 냉동실에서 냉동

용기를 꺼내고 아이스크림 기계를 조립한 후 전원을 켜세요. 셔벗 베이스를 용기에 붓고 매우 부드러운 휘핑 크림 정도의 농도가 될 때까지 회전시킵니다.

e) 셔벗을 보관 용기에 담습니다. 양피지 한 장을 표면에 직접 누르고 밀폐 뚜껑으로 밀봉합니다. 냉동고의 가장 차가운 부분에서 단단해질 때까지 최소 4시간 동안 얼립니다.

32. 매실쥬셔벗

약 1쿼트가 됩니다.

재료:

- 씨가 있지만 껍질을 벗기지 않은 잘 익은 검은 자두 2파운드(약 7개)

- 설탕 ⅔컵

- 가벼운 옥수수 시럽 ½컵

- 매실청 1컵

- 신선한 레몬즙 2테이블스푼

지도:

a) 부드러워질 때까지 푸드 프로세서에 자두를 퓨레로 준비합니다. 중간 그릇으로 옮깁니다.

b) 요리 4쿼트 냄비에 설탕과 옥수수 시럽을 넣고 끓여서 설탕이 녹을 때까지 저어줍니다. 뜨거운 설탕 시럽을 퓌레 자두에 넣고 휘젓습니다.

c) 식히기 매실 혼합물을 냉장고에 넣고 최소 2시간 동안 식혀주세요.

d) 매실 혼합물을 그릇 위에 놓인 체로 걸러낸 다음, 사케와 레몬즙을 첨가합니다.

e) 냉동 냉동실에서 냉동 용기를 꺼내고 아이스크림 기계를 조립한 다음 전원을 켜세요. 셔벗 베이스를

용기에 붓고 매우 부드러운 휘핑 크림 정도의
농도가 될 때까지 회전시킵니다.

f) 셔벗을 보관 용기에 담습니다. 양피지 한 장을
표면에 직접 누르고 밀폐 뚜껑으로 밀봉합니다.

g) 냉동고의 가장 차가운 부분에서 단단해질 때까지
최소 4시간 동안 얼립니다.

33. 레드 라즈베리 셔벗

약 1쿼트가 됩니다.

재료:

- 라즈베리 5파인트

- 설탕 1⅓컵

- 옥수수 시럽 1컵

- 보드카 ½컵

지도:

a) 부드러워질 때까지 푸드 프로세서에 라즈베리를 퓨레로 준비합니다. 체로 눌러 씨를 제거합니다.

b) 요리 라즈베리 퓨레, 설탕, 옥수수 시럽을 4쿼트 냄비에 넣고 중간 불로 끓이면서 설탕이 녹을 때까지 저어줍니다. 불을 끄고 중간 크기 그릇에 옮겨 식혀줍니다.

c) 냉각 셔벗 베이스를 냉장고에 넣고 최소 2시간 동안 냉각시킵니다.

d) 냉동 냉장고에서 셔벗 베이스를 꺼내고 보드카를 추가합니다. 냉동실에서 냉동 용기를 꺼내고 아이스크림 기계를 조립한 후 전원을 켜세요. 셔벗 베이스를 용기에 붓고 매우 부드러운 휘핑 크림 정도의 농도가 될 때까지 회전시킵니다.

e) 셔벗을 보관 용기에 담습니다. 양피지 한 장을 표면에 직접 누르고 밀폐 뚜껑으로 밀봉합니다.

f) 냉동고의 가장 차가운 부분에서 단단해질 때까지 최소 4시간 동안 얼립니다.

34. 돌과일 셔벗

약 1쿼트가 됩니다.

재료:

- 씨를 제거한 핵과 2파운드(예: 껍질을 벗긴 중간 복숭아 1개, 큰 자두 2개, 살구 4개, 진한 빨간색 체리 16개)

- 설탕 ⅔컵

- ⅓컵 가벼운 옥수수 시럽

- 돌과일 보드카 ¼컵

지도:

a) 부드러워질 때까지 푸드 프로세서에 과일을 퓨레로 준비합니다.

b) 요리 퓌레로 만든 과일, 설탕, 옥수수 시럽을 4쿼트 냄비에 넣고 설탕이 녹을 때까지 저으면서 끓입니다. 불을 끄고 중간 크기 그릇에 옮겨 식혀줍니다.

c) 혼합물을 체에 걸러 다른 그릇에 걸러냅니다. 냉장고에 넣고 최소 2시간 동안 차갑게 식혀주세요.

d) 냉동 냉장고에서 셔벗 베이스를 꺼내 보드카를 넣고 저어줍니다. 냉동실에서 냉동 용기를 꺼내고 아이스크림 기계를 조립한 후 전원을 켜세요. 셔벗 베이스를 용기에 붓고 매우 부드러운 휘핑 크림 정도의 농도가 될 때까지 회전시킵니다.

e) 셔벗을 보관 용기에 담습니다. 양피지 한 장을 표면에 직접 누르고 밀폐 뚜껑으로 밀봉합니다. 냉동고의 가장 차가운 부분에서 단단해질 때까지 최소 4시간 동안 얼립니다.

35. 밀싹 & 비뉴베르데 셔벗

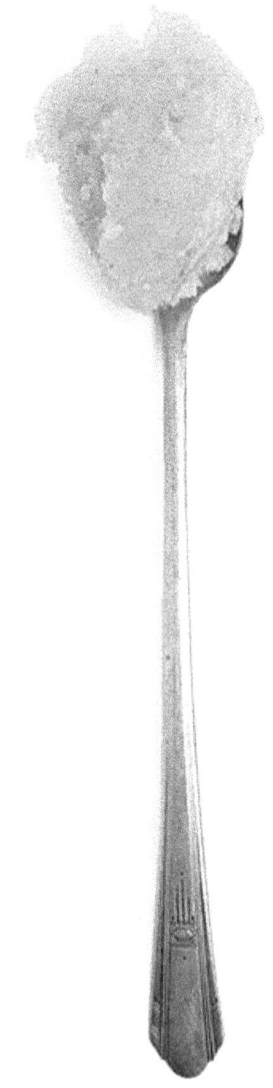

약 1쿼트가 됩니다.

재료:

- 잘 익은 배 2개를 반으로 잘라 속을 제거하고 깍둑썰기합니다.

- 껍질을 벗겨 반으로 자르고 속을 제거하고 깍둑썰기한 그래니 스미스 사과 2개

- 밀순 주스 ½컵

- 비뉴베르데 ½컵

- 가벼운 옥수수 시럽 ¼컵

- 설탕 1컵

- 신선한 레몬즙 1테이블스푼

- 강황 ¼티스푼

지도:

a) 배와 사과를 푸드프로세서에 넣고 부드러워질 때까지 퓌레를 만듭니다. 퓌레, 밀순 주스, 비뉴 베르데를 중간 크기 그릇에 섞습니다.

b) 요리 옥수수 시럽, 설탕, 레몬즙, 강황(사용하는 경우)을 중간 크기 냄비에 넣고 설탕이 녹을 때까지 저으면서 끓입니다. 불을 끄고 배와 사과 퓌레를 넣고 완전히 섞일 때까지 저어줍니다. 중간 크기의 그릇으로 옮기고 식혀주세요.

c) 냉각 셔벗 베이스를 냉장고에 넣고 최소 2시간 동안 냉각시킵니다.

d) 냉동 냉동실에서 냉동 용기를 꺼내고 아이스크림 기계를 조립한 다음 전원을 켜세요. 셔벗 베이스를 용기에 붓고 매우 부드러운 휘핑 크림 정도의 농도가 될 때까지 회전시킵니다.

e) 셔벗을 보관 용기에 담습니다. 양피지 한 장을 표면에 직접 누르고 밀폐 뚜껑으로 밀봉합니다. 냉동고의 가장 차가운 부분에서 단단해질 때까지 최소 4시간 동안 얼립니다.

구운 아이스크림 디저트

36. 초코케크

8~10인분 분량

재료:

- 표백되지 않은 다용도 밀가루 또는 글루텐 프리 밀가루 1¼컵

- 설탕 1¼컵

- 베이킹 소다 ½티스푼

- 고운 바다소금 ½티스푼

- 잘게 다진 무가당 초콜릿(99% 카카오) 4½온스

- 무가당 코코아 가루 ¼컵

- 뜨거운 커피 1잔

- ⅔컵 사워 크림

- 큰 계란 1개, 풀어서 준비

- 바닐라 추출물 2티스푼

- 서빙용 초콜릿 글레이즈

- 먼지 제거용 코코아 가루

- 서빙용으로 선택한 아이스크림

지도:

a) 오븐 중앙에 선반을 놓고 오븐을 325° F로 예열하세요. 9인치 원형 케이크 팬에 버터를

바릅니다. 바닥에 양피지 한 장을 놓고 버터를 바른 다음 팬에 밀가루를 뿌리고 남은 부분을 털어냅니다.

b) 큰 그릇에 밀가루, 설탕, 베이킹 소다, 소금을 함께 섞습니다.

c) 초콜릿과 코코아를 섞으세요. 혼합물 위에 뜨거운 커피를 붓고 부드러워질 때까지 휘젓습니다. 사워 크림, 계란, 바닐라를 넣고 휘젓습니다. 사워 크림 혼합물을 밀가루 혼합물에 넣고 섞일 때까지 저어줍니다.

d) 반죽을 케이크 팬에 긁어 넣고 숟가락 뒷면으로 윗부분을 매끈하게 만듭니다. 중앙에 이쑤시개를 꽂아 몇 개의 촉촉한 부스러기가 달라붙을 때까지 40~45분 동안 굽습니다. 팬에 올려서 완전히 식혀주세요.

e) 케이크를 뒤집어서 양피지를 제거하세요. 이 케이크에 필요한 것은 가루 설탕을 뿌리는 것뿐입니다. 아니면 사진처럼 초콜릿 글레이즈를 얹고 코코아 가루를 뿌린 후 아이스크림 한 스쿱과 함께 드셔 보세요.

37. 레이디 케이크

8~12인분 분량

재료:

- 케이크 가루(자생하지 않음), 밀가루, 옥수수 전분 또는 글루텐 프리 밀가루 1컵

- 베이킹 소다 ¼티스푼

- 베이킹파우더 ½티스푼

- 고운 바다소금 ¼티스푼

- 부드러워진 무염 버터 6테이블스푼(½스틱)

- 설탕 ¼컵

- 큰 계란 2개, 실온에 보관

- 바닐라 추출물 1티스푼

- 사워 크림 또는 버터밀크 ¼컵

지도:

a) 오븐을 325°F로 예열하세요. 9인치 원형 케이크 팬 바닥에 버터를 바릅니다. 양피지에 줄을 긋고 종이에 버터를 바르세요. 밀가루를 뿌리고 남은 부분을 털어냅니다.

b) 밀가루, 베이킹소다, 베이킹파우더, 소금을 함께 두 번 체쳐주세요. 따로, 중간 크기의 그릇에 버터와 설탕을 넣고 전기 믹서를 사용하여 걸쭉하고 연해질

때까지 고속으로 약 4분 동안 휘젓고 필요에 따라 그릇의 측면을 긁어냅니다. 계란 1개를 넣고 완전히 섞일 때까지 치십시오. 두 번째 계란과 바닐라를 넣고 완전히 섞일 때까지 치십시오. 그릇의 측면을 긁어내고 부드러워질 때까지 반죽을 치십시오.

c) 밀가루 혼합물의 1/3 정도를 넣고 고무 주걱으로 가볍게 섞습니다. 사워 크림을 절반 정도 접습니다. 밀가루 혼합물의 1/3을 더 넣고 섞은 다음 남은 사워 크림을 넣고 마지막으로 나머지 밀가루를 섞습니다. 과도하게 혼합하지 마십시오.

d) 준비된 팬에 반죽을 붓습니다. 중앙에 이쑤시개를 꽂아 촉촉한 부스러기가 몇 개 달라붙을 때까지 40~50분 동안 굽습니다. 팬을 선반에 올려 놓고 10분 동안 식힌 후 케이크를 선반에 뒤집어 놓고 유산지를 제거한 후 완전히 식혀주세요.

38. 머랭케이크

8인분을 만듭니다

재료:

- 큰 달걀 흰자 4개, 실온에 보관

- 타르타르 크림 ¼티스푼

- 설탕 1컵

- 원하는 아이스크림 1개 분량 베이스(전날 준비하여 밤새 냉장 보관)

지도:

a) 오븐의 위쪽과 아래쪽 3분의 1에 랙을 놓고 오븐을 200° F로 예열하세요. 두 장의 양피지 각각에 8인치 원을 그리고 종이를 뒤집은 다음 두 개의 큰 베이킹 시트에 양피지를 깔아줍니다.

b) 전기 믹서를 사용하여 큰 그릇에 달걀 흰자를 중간 정도의 낮은 속도로 약 45초 동안 거품이 생길 때까지 치십시오.

c) 타르타르 크림을 추가하고 속도를 중간 정도 높이로 높인 후 달걀 흰자가 하얗고 걸쭉해질 때까지(면도 크림의 농도) 약 2분 동안 휘젓습니다.

d) 천천히 설탕을 뿌리고 섞일 때까지 휘저은 다음, 흰자를 뻣뻣한 봉우리가 형성될 때까지 치십시오. (비터를 거꾸로 뒤집어서 봉우리가 처지지 않으면 준비된 것입니다.)

e) 끝이 ¼인치인 일반 페이스트리 백을 넣고 머랭을 채웁니다. 중심에서 시작하여 밖으로 나가면서 추적한 각 원에 나선형으로 머랭을 짜주세요.

f) 1시간 30분 동안 굽거나 머랭의 외부가 부드럽고 건조하며 단단해질 때까지 굽습니다. 오븐을 끄고 머랭을 오븐에서 몇 시간 동안 식혀주세요.

g) 머랭 사이에 양피지 조각을 겹겹이 쌓고 플라스틱 랩으로 싸서 밤새 얼립니다.

h) 다음날, 냉동고에서 냉동된 캐니스터를 꺼내고 아이스크림 기계를 조립한 후 전원을 켜세요. 아이스크림 베이스를 냉동실에 붓고 걸쭉하고 크림 같은 질감이 될 때까지 회전시킵니다.

i) 아이스크림이 완성되면 기계를 끄고 아이스크림을 그대로 넣어주세요.

j) 냉동실에서 머랭 껍질 하나를 꺼내 유산지를 깐 베이킹 시트 위에 뒤집어 놓습니다. 신속하게 작업하여 약 2인치 정도의 아이스크림을 머랭 위에 떠서 가장자리에서 약 ½인치 정도 퍼뜨립니다.

k) 냉동실에서 두 번째 머랭을 꺼내 재빠르게 윗면이 위로 오도록 올려주세요. 머랭 케이크를 다시 냉동실에 넣고 최소 4시간에서 최대 1일 동안 얼립니다.

l) 남은 아이스크림은 보관용기에 담아주세요. 양피지 한 장을 표면에 직접 누르고 밀폐 뚜껑으로 밀봉합니다. 다음 번에 드시려면 냉동실의 가장 차가운 부분에 단단해질 때까지 최소 4시간 동안 얼려주세요.

m) 서빙하려면 냉동실에서 케이크를 꺼내서 8조각으로 자른 후 즉시 서빙하세요.

39. 딱케이크

8~10인분 분량

재료:

- 찹쌀가루 2컵

- 설탕 1¼컵

- 베이킹파우더 1½티스푼

- 계피가루 한 꼬집

- 연유 1⅓컵

- 무가당 코코넛 밀크 1¼컵

- 큰 계란 2개, 실온에 보관

- 바닐라 추출물 1½티스푼

- 녹인 무염 버터 5½테이블스푼

지도:

a) 오븐 중앙에 선반을 놓고 오븐을 350° F로 예열하세요. 9x5인치 빵 팬에 버터를 바릅니다.

b) 쌀가루, 설탕, 베이킹파우더, 계피를 함께 체로 쳐서 큰 그릇에 담습니다.

c) 볼에 연유, 코코넛 밀크, 계란, 바닐라, 버터를 넣고 잘 섞어주세요. 마른 재료 가운데에 작은 구멍을 만들고 액체 재료를 붓고 완전히 섞일 때까지 저어줍니다.

d) 반죽을 빵틀에 붓고 35분간 굽습니다.

e) 케이크 팬을 돌리고 케이크 중앙에 이쑤시개를 꽂아 몇 개의 촉촉한 부스러기가 달라붙을 때까지 약 35분 더 굽습니다.

f) 케이크를 팬에 올려서 랙에 올려놓고 10분간 식힌 후, 랙에 뒤집어서 완전히 식혀주세요.

g) 떡을 1인치 크기의 큐브로 자릅니다. 큰 소테 팬에 무염 버터 1테이블스푼을 녹입니다. 큐브를 추가하고 바닥이 황금색이 될 때까지 그대로 둔 다음 양쪽에서 반복합니다. 아이스크림과 과일 주위에 뿌려서 제공하십시오.

40. 자연 그리츠 푸딩 케이크

8~10인분 분량

재료:

- 미지근한 물 3컵

- 돌로 갈아 만든 가루 ¼컵

- 표백되지 않은 다용도 밀가루 또는 글루텐 프리 밀가루 1¼컵

- 베이킹파우더 1½티스푼

- 고운 바다소금 ½티스푼

- 부드러워진 무염 버터 ½파운드(2스틱)

- 설탕 1컵 + 2테이블스푼

- 큰 계란 4개, 실온에 보관

- 사워 크림 또는 버터밀크 ½컵

- 서빙용 앵카-오렌지 카라멜 소스

- 서빙용으로 선택한 아이스크림

지도:

a) 2쿼트 냄비에 물을 끓입니다.

b) 가루를 추가하고 계속 저어준 다음 부드러워지고 팬 측면에서 약간 당겨질 때까지 가끔씩 저어주며 25~

30분 동안 요리합니다. 불을 끄고 실온으로
식혀주세요.

c) 오븐 중앙에 선반을 놓고 오븐을 350° F로
예열하세요. 9x13인치 베이킹 접시에 버터를
바릅니다.

d) 중간 크기의 그릇에 밀가루, 베이킹 파우더, 소금을
함께 섞습니다.

e) 전기 믹서를 사용하여 큰 그릇에 버터와 설탕을
넣고 가볍고 푹신해질 때까지 약 2분간 섞습니다.
계란을 한 번에 하나씩 추가하고, 추가할 때마다 잘
저어줍니다.

f) 사워 크림과 가루를 섞은 다음 밀가루 혼합물을
넣고 섞일 때까지 치십시오. 준비된 팬에 반죽을
고르게 펴주세요.

g) 케이크가 황금색이 되고 중앙에 이쑤시개를 꽂으면
촉촉한 부스러기가 몇 개 달라붙을 때까지 케이크를
35~40분 동안 굽습니다. 케이크를 선반에 옮기고
팬에서 5분 동안 식힌 다음, 케이크 가장자리에
칼을 대어 느슨하게 한 다음 선반 위에 뒤집어서
완전히 식혀주세요.

h) 건강한 양의 앵커 오렌지 캐러멜 소스와 아이스크림
한두 스쿱을 곁들여 드세요.

41. 시트파이

8~10인분 분량

재료:

반죽

● 표백되지 않은 다용도 밀가루 3½컵

● 고운 바다 소금 1½티스푼

● 차가운 야채 쇼트닝 ¼컵

● 잘게 잘라서 식힌 무염 버터 12테이블스푼(1½ 스틱) 또는 야채 쇼트닝

● ½컵 + 얼음물 1테이블스푼

● 큰 계란 1개

● 물 1티스푼

과일 충전

● 사과, 자두, 복숭아 또는 체리 3파운드를 얇게 썰어 껍질을 벗기고 속을 제거합니다. 또는 ½인치 조각으로 자른 대황; 또는 전체 블랙베리, 라즈베리 또는 블루베리

● 계피 가루, 카다몬 또는 육두구 가루 ½티스푼

● 신선한 레몬즙 1테이블스푼

● 설탕 (½ 컵

● 다용도 밀가루 ¼컵

지도:

a) 반죽을 만들려면 큰 그릇에 밀가루와 소금을 섞으세요. 두 개의 칼이나 페이스트리 커터를 사용하여 혼합물이 거친 식사와 비슷해질 때까지 쇼트닝과 버터를 자릅니다. 얼음물을 넣고 잘 섞어주세요.

b) 반죽을 공 모양으로 만들고 지방이 고르게 분포될 수 있도록 작업대 위에 손발꿈치를 대고 몇 초간 가볍게 반죽합니다. 반죽을 반으로 나눕니다.

c) 각 절반을 공 모양으로 만들고 디스크 모양으로 편평하게 만든 다음 플라스틱 랩으로 포장합니다. 최소 1시간 동안 냉장 보관하세요.

d) 그 사이에 필링을 만들기 위해 과일을 큰 그릇에 넣고 남은 재료를 모두 넣고 과일이 고르게 코팅될 때까지 저어줍니다.

e) 오븐을 350° F로 예열하세요.

f) 반죽이 한 시간 동안 휴지되면 작업대에 밀가루를 살짝 바르고 반죽 한 조각을 12x16인치 직사각형으로 밀어냅니다.

g) 반죽을 밀방망이에 올려서 1/4 시트 팬으로 옮기고 팬 중앙에 놓고 반죽을 가장자리에 대고 누릅니다.

h) 충전물을 팬에 붓고 얇은 층으로 펴십시오.

i) 두 번째 반죽을 쿼터 시트 팬 크기에 맞게 밀어냅니다. 김이 빠져나갈 수 있도록 쿠키 커터로 구멍을 몇 개 뚫거나, 포크로 반죽을 여러 번 찔러보세요.

j) 충전물 위에 올려 놓습니다. 하단 크러스트의 가장자리를 상단 크러스트 위로 접습니다. 계란에 물 1티스푼을 넣어 계란물을 만든 후 빵 껍질 위에 바르세요.

k) 45분 동안 굽거나 고르게 갈색이 되고 가장자리가 더욱 황금빛으로 변할 때까지 굽습니다.

l) 즉시 서빙하거나, 선반에 올려 식힌 후 따뜻하게 또는 실온에서 서빙하세요.

42. 프렌치 아이스크림 타르트

타르트 12개 만들어요

재료:

- 설탕 반죽 1개(레시피는 다음과 같습니다)

- 솔티 바닐라 프로즌 커스타드 등 원하는 아이스크림 약 1퀴트

- 상점에서 구입하거나 직접 만든 살구 잼 ½컵

- 원하는 신선한 과일 3파인트, 냉장 보관

- 휘핑 크림 (선택 사항)

지도:

a) 오븐을 350°F로 예열하세요. 양피지 원 12개를 잘라내고 4인치 타르트 팬 12개를 늘어놓습니다.

b) 반죽을 약 ⅛인치 두께로 펴주세요. 5인치 라운드 12개를 잘라냅니다. 각 라운드를 타르트 팬에 넣습니다. 쿠키 시트 위에 놓습니다.

c) 황금색이 될 때까지 20분간 굽습니다. 랙 위에서 완전히 식힌 후, 타르트 껍질을 틀에서 꺼내어 최소 30분 동안 얼려주세요.

d) 냉동실에서 타르트 껍질을 꺼내어 갓 만든 아이스크림이나 부드럽게 만든 아이스크림을 반쯤 채우고 냉동실에 최소 1시간 이상 넣어두세요. 식힌 과일을 살구잼과 함께 버무립니다.

e) 냉동실에서 타르트 껍질을 꺼내고 그 위에 유약을
   바른 과일과 휘핑크림 더미나 패턴을 얹습니다.
   제공하다.

43. 설탕 반죽

핸드 타르트나 파이키 12개를 만들 수 있는 양입니다.

재료:

- 표백되지 않은 다용도 밀가루 1½컵

- 설탕 ⅓ 컵

- ½인치 큐브로 자르고 식힌 무염 버터 8테이블스푼(1 스틱)

- 크림치즈 2온스(4테이블스푼)

- 큰 달걀 노른자 2개, 가볍게 풀어주세요

- 아주 차가운 헤비 크림 2테이블스푼

지도:

a) 밀가루, 설탕, 버터, 크림치즈를 푸드 프로세서에 넣고 혼합물이 아몬드 가루처럼 보일 때까지 펄스를 줍니다.

b) 달걀 노른자와 크림, 펄스를 추가합니다(또는 균일하게 섞일 때까지 손으로 계속 섞습니다).

c) 반죽을 반으로 나눕니다. 반죽의 절반을 공 모양으로 뭉칠 때까지 반죽한 다음 약 2 인치 두께의 평평한 디스크에 밀어 넣습니다. 후반에도 똑같이하십시오.

d) 반죽의 각 부분을 비닐랩에 싸서 사용하기 최소 1 시간 전에 식혀주세요.

44. 파이키스

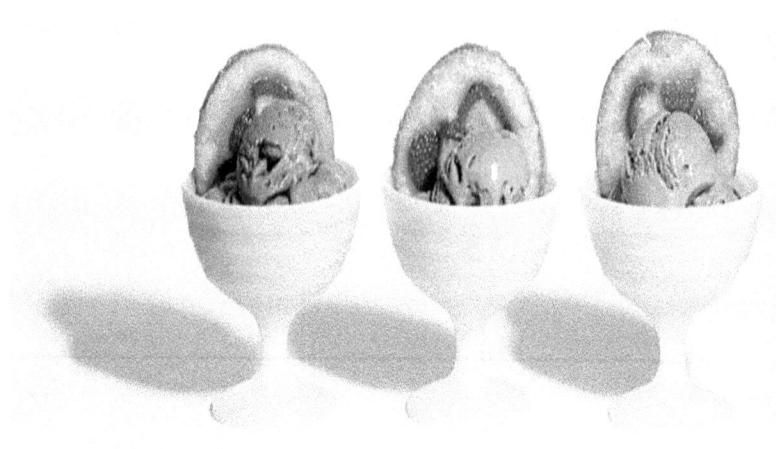

12~24개의 파이키를 만듭니다.

재료:

- 설탕 반죽

- 설탕 1컵

- 옥수수 전분 1테이블스푼

- 1파운드의 딸기, 자두, 복숭아, 천도복숭아 및/또는 사과, 껍질을 벗기고 씨를 제거하고 만돌린이나 매우 날카로운 칼을 사용하여 매우 얇게 썬 것, 또는 체리를 씨를 제거하고 잘게 썬 것, 또는 조합

지도:

a) 오븐을 350° F로 예열하세요. 두 개의 베이킹 시트에 버터를 바르거나 양피지를 깔아주세요.

b) 반죽을 약 ⅛인치 두께로 펴주세요. 비스킷이나 쿠키 커터를 사용하여 2½~3인치 크기의 원으로 자르고 베이킹 시트 위에 놓습니다.

c) 작은 그릇에 설탕과 옥수수 전분을 섞습니다. 각 과일 조각을 설탕 혼합물에 담가서 코팅을 하여 넉넉하게 코팅합니다.

d) 반죽 원의 중앙에 조각 하나를 놓고 그 주위에 추가 과일 조각을 배열합니다 . 필요에 따라 과일을 겹쳐 놓습니다. 남은 반죽과 과일을 모두 사용하여 반복합니다.

e) 황금색이 될 때까지 25분 동안 굽습니다. 오븐에서
   꺼내어 팬 위에서 2분 동안 식힌 다음, 와이어
   랙으로 옮겨 완전히 식혀주세요.

f) 좋아하는 아이스크림 바로 옆에 놓거나 최대 3일
   동안 냉장 보관하세요.

45. 사과 대황 베테

9인분을 만든다

재료:

- 껍질을 벗기고 속을 제거하고 얇게 썬 허니크리스프 또는 핑크 레이디 사과 1파운드

- 대황 1파운드, 손질하여 ¼인치 조각으로 자름

- 계피가루 ¼티스푼

- 육두구 간 것 ⅛ 작은술

- 고운 바다소금 ½티스푼

- 신선한 레몬즙 2테이블스푼

- 설탕 1컵

- 표백되지 않은 다용도 밀가루 1테이블스푼

- 10온스의 크루아상 또는 브리오슈(껍질 제거), 1인치 주사위로 자른 것(약 4½컵)

- 녹인 무염 버터 12테이블스푼(1½스틱)

지도:

a) 오븐을 375° F로 예열하세요. 8x8인치 베이킹 접시에 버터를 바릅니다.

b) 중간 크기의 그릇에 사과와 대황을 섞습니다. 계피, 육두구, 소금, 레몬즙, 설탕 ½컵, 밀가루를 넣고

설탕이 녹고 얇게 썬 과일이 완전히 코팅될 때까지 버무립니다.

c) 다른 중간 그릇에 빵과 남은 설탕 ¼컵을 섞습니다. 녹인 버터 ½컵을 빵 위에 붓고 부드럽게 버무려 큐브가 대부분 그대로 유지되도록 코팅합니다.

d) 베트를 조립하려면 베이킹 접시 바닥에 과일의 2/3를 깔아주세요. 빵의 1/3을 과일 위에 뿌립니다. 남은 과일과 빵으로 반복하십시오.

e) 남은 ¼컵 버터를 위에 붓고 알루미늄 호일로 덮습니다. 40분간 굽습니다. 호일을 제거하고 갈색이 될 때까지 10~15분 동안 계속 굽습니다. 오븐에서 뜨겁게 제공하십시오.

46. 블루베리 코블러

9인분을 만든다

재료:

- 블루베리 2½파운드

- 설탕 1컵

- 고운 바다소금 ¼티스푼

- 레몬 1개의 즙

- 스위트 크림 쇼트 케이크용 반죽 ½개

지도:

a) 8x8인치 베이킹 팬에 버터를 바릅니다.

b) 중간 크기 그릇에 블루베리와 설탕, 소금, 레몬즙을 넣고 버무려 코팅합니다.

c) 준비된 팬에 추가합니다. 과일 위에 반죽을 숟가락으로 떠서 9개의 동일한 비스킷을 만듭니다.

d) 오븐을 375°F로 예열하세요.

e) 비스킷의 윗부분이 황금색이 되고 열매에서 거품이 생길 때까지 코블러를 35분 동안 굽습니다.

f) 오븐에서 꺼내어 약간 식힌 후 서빙하세요.

47. 배 & 블랙베리 크리스프

9인분을 만든다

재료:

슈트로이젤

- 표백되지 않은 다용도 밀가루 ¼컵

- 포장된 흑갈색 설탕 ¼컵

- 계피가루 ¼티스푼

- 육두구 간 것 ⅛ 작은술

- 잘게 썰어 차갑게 한 무염 버터 5테이블스푼

- 얇게 썬 아몬드, 깎은 무가당 코코넛 플레이크 또는 귀리 ¼컵

과일 충전

- 껍질을 벗기고 속을 제거한 후 ½인치 두께의 웨지로 자른 Comice 또는 Bartlett 배(배 약 2개) 1 파운드

- 블랙베리 2컵

- 설탕 ¼컵

- 다용도 밀가루 2테이블스푼

- 계피가루 ¼티스푼

- ⅛ 티스푼 간 육두구

- 고운 바다소금 ½티스푼

- 버터 2테이블스푼

지도:

a) 오븐을 325° F로 예열하세요.

b) 슈트로이젤을 만들려면 작은 그릇에 밀가루, 설탕, 계피, 육두구를 섞으세요. 버터를 넣고 혼합물이 거친 가루처럼 보일 때까지 손가락 끝으로 문지릅니다.

c) 아몬드를 넣고 작은 덩어리가 생길 때까지 손가락 끝으로 혼합물을 문지릅니다. 베이킹 시트에 펴십시오.

d) 슈트로이젤을 20분 동안 굽습니다. 포크로 보풀을 일으키고, 필요한 경우 황금빛 갈색이 될 때까지 몇 분 더 굽습니다.

e) 오븐에서 꺼내어 식혀주세요. 오븐 온도를 375° F 로 높입니다.

f) 8x8인치 베이킹 접시에 버터를 바릅니다. 배, 딸기, 설탕, 밀가루, 향신료, 소금을 큰 그릇에 함께 넣습니다.

g) 준비된 접시에 옮깁니다. 버터에 점을 찍으세요. 슈트로이젤을 윗면에 고르게 펴 바릅니다.

h) 과일 주스가 보글보글 끓고 걸쭉해지고 슈트루젤이 짙은 갈색이 될 때까지 약 45분 동안 굽습니다. 서빙하기 전에 약간 식히십시오.

48. 바우어 하우스 비스킷

비스킷 약 13개 분량

재료:

- 활성 건조 효모 ¼ 온스(1 패킷)

- 미지근한 물 ¼컵(105° ˜115° F)

- 설탕 2테이블스푼

- 스스로 부풀어 오르는 밀가루 3¼컵, 표백된 화이트 릴리 선호

- 큰 스푼으로 자른 차가운 무염 버터 6테이블스푼(3/4스틱)

- 실온의 버터밀크 1컵

- 비스킷 상단에 바르는 부드러운 소금 버터 2 테이블스푼

지도:

a) 중간 그릇에 이스트, 미지근한 물, 설탕 1티스푼을 섞습니다. 이스트에 거품이 생길 때까지 약 10분간 따로 놓아두세요.

b) 큰 그릇에 밀가루와 남은 설탕 5티스푼을 함께 섞습니다.

c) 페이스트리 커터나 두 개의 칼을 사용하여 혼합물이 가루처럼 보일 때까지 버터를 자릅니다.

d) 버터밀크를 녹인 이스트에 넣고 저어주세요. 포크를 사용하여 밀가루 혼합물이 촉촉해지고 뭉툭한 반죽이 될 때까지 저어줍니다.

e) 밤새 또는 최대 3일 동안 덮어 냉장 보관하세요.

f) 냉장고에서 반죽을 꺼내어 표면이 부드러워질 때까지 약 8바퀴 정도 짧게 반죽하세요.

g) 밀가루를 아주 살짝 뿌린 표면에 약 3/4인치 두께의 7x11인치 직사각형으로 펴서 필요에 따라 밀대에 밀가루를 살짝 바릅니다. 반죽에서 여분의 밀가루를 털어내고 짧은 쪽 끝을 반죽 중앙 위로 접은 다음 다른 쪽 끝을 접어 반죽이 3등분되도록 합니다.

h) 짧은 끝이 자신을 향하도록 반죽을 한 바퀴 돌려 약 3/4 인치 두께로 밀어냅니다. 여분의 밀가루를 털어내고 반죽을 다시 3등분으로 접습니다.

i) 반죽을 다시 한 번 돌리고 약 ½ 인치 두께로 부드럽게 펴십시오. 완성된 직사각형은 약 7인치 x 11인치가 됩니다.

j) 2인치 원형 커터로 비스킷 13개를 찍어냅니다. 커터가 깨끗하게 절단되도록 반죽이 여전히 매우 차가운지 확인하십시오(필요한 경우 냉각). 반죽이 너무 부드러우면 커터가 측면을 밀봉하여 비스킷이 부풀지 않게 됩니다.

k) 기름칠하지 않은 9인치 원형 케이크 팬에 비스킷을 바깥쪽에 10개, 가운데에 3개씩 배열합니다. 스크랩을 모아서 펴서 더 많은 비스킷을 자릅니다.

l) 당신이나 당신의 어린 아이들을 위한 간식으로 이것을 작은 팬에 넣으십시오. 완벽해 보이지는 않지만 맛은 여전히 좋습니다.

m) 부피가 두 배가 될 때까지 따뜻한 곳(약 80° F) 에서 약 2시간 동안 발효시킵니다 .

49. 달콤한 크림 쇼트케이크

9~12인분 분량

재료:

- 자가 부풀어오르는 밀가루 3컵(화이트 릴리 선호)

- 차가운 무염 버터 4테이블스푼

- 헤비 크림 2⅔컵

지도:

a) 오븐을 450° F로 예열하세요. 버터 1/4 시트 팬

b) 푸드프로세서에 밀가루와 차가운 버터를 넣고 15번 펄스를 줍니다. 크림을 넣고 반죽이 뭉쳐져서 뭉쳐질 때까지 펄스를 줍니다.

c) 밀가루를 살짝 뿌린 표면 위에 반죽을 놓고 함께 누릅니다.

d) 반죽을 반으로 접은 다음 더 이상 덩어리지지 않을 때까지 두세 번 접습니다. 반죽을 팬에 펴주세요. 쉽게 퍼지기 때문에 손을 사용해도 됩니다.

e) 20~25분간 굽거나 살짝 황금빛 갈색이 될 때까지 굽습니다. 오븐에서 케이크를 꺼내 선반 위에서 식혀주세요.

50. 초콜릿 트러플 쿠키

약 16개의 쿠키를 만듭니다.

재료:

- 무염버터 8테이블스푼(1스틱)

- 굵게 다진 디크 초콜릿 8온스(카카오 64% 이상)

- 표백되지 않은 다용도 밀가루 또는 글루텐 프리 밀가루 ½컵

- 더치 가공 코코아 파우더(카카오 99%) 2테이블스푼

- 고운 바다소금 ¼티스푼

- 베이킹 소다 ¼티스푼

- 큰 계란 2개, 실온에 보관

- 설탕 (½ 컵

- 바닐라 추출물 2티스푼

- 디크 초콜릿 칩 1컵(카카오 64% 이상)

지도:

a) 버터와 디크 초콜릿을 이중 냄비에 넣어 약한 불로 녹이고, 완전히 녹을 때까지 가끔씩 저어줍니다. 완전히 식혀주세요

b) 작은 그릇에 밀가루, 코코아 가루, 소금, 베이킹 소다를 섞습니다. 따로

c) 전기 믹서를 사용하여 큰 그릇에 계란과 설탕을 넣고 약 2분 동안 가볍고 푹신해질 때까지 고속으로 휘젓습니다. 바닐라를 넣고 녹인 초콜릿과 버터를 넣고 잘 섞일 때까지 1~2분 동안 치대세요.

d) 그릇의 측면을 긁어내고 큰 고무 주걱을 사용하여 마른 재료가 섞일 때까지 저어줍니다. 초콜릿 칩을 접습니다. 비닐랩으로 덮고 최소 4시간 동안 냉장 보관하세요.

e) 오븐 중앙에 선반을 놓고 오븐을 325° F로 예열하세요. 베이킹 시트에 양피지를 깔아주세요.

f) 손을 물에 적시고 반죽을 2인치 크기의 공 모양으로 굴려서 약 2인치 간격으로 베이킹 시트를 깐 베이킹 시트에 놓습니다. 빠르게 작업하고 쿠키를 일괄적으로 굽는 경우 라운드 사이에 남은 반죽을 냉장 보관하세요.

g) 가장자리가 약간 올라오고 중앙이 거의 자리잡을 때까지 12~13분 동안 굽습니다. 오븐에서 꺼내어 팬 위에서 최소 10분 동안 식힌 후 랙으로 옮겨 완전히 식혀주세요.

아이스크림 샌드위치를 조립하려면

h) 쿠키를 시트 팬에 놓고 1시간 동안 얼립니다. 떠낼 수 있을 때까지 1퀴트의 아이스크림을 부드럽게 만드세요. 저는 간단하게 Sweet Cream Ice Cre am을 사용하는 것을 좋아 하지만, 원하는 맛은 무엇이든 사용할 수 있습니다.

i) 냉동고에서 쿠키를 꺼내 빠르게 작업하여 2~4온스의 아이스크림을 쿠키 위에 퍼 올립니다. 위에 다른 쿠키를 올려 아이스크림을 부드럽게 만드세요. 반복하다.

j) 모든 샌드위치 조립이 끝나면 냉동실에 넣어 최소 2 시간 동안 굳혀주세요.

51. 오트밀 크림 샌드위치

쿠키 24개를 만듭니다

재료:

- 표백되지 않은 다용도 밀가루 1½컵

- 빨리 익히는 귀리 2컵(인스턴트 오트밀)

- 베이킹 소다 1티스푼

- 계피가루 ¼티스푼

- 부드러워진 무염 버터 ½파운드(2스틱)

- 포장된 연갈색 설탕 1½컵

- 고운 바다소금 ¼티스푼

- 바닐라 추출물 1티스푼

- 큰 계란 2개, 실온에 보관

- 1쿼트 팜스테드 치즈 & 구아바 잼 아이스크림 또는 원하는 다른 아이스크림

지도:

a) 오븐 중앙에 선반을 놓고 오븐을 325° F로 예열하세요. 두 개의 베이킹 시트에 양피지를 깔아주세요.

b) 밀가루, 귀리, 베이킹 소다, 계피를 그릇에 넣고 잘 섞습니다. 전기 믹서를 사용하여 큰 그릇에

버터를 넣고 부드럽고 크림처럼 될 때까지 치십시오
.

c) 설탕과 소금을 넣고 혼합물의 색이 연하고 푹신해질 때까지 치십시오. 필요에 따라 그릇의 측면을 긁어냅니다. 바닐라 익스트랙을 넣고 섞어주세요.

d) 계란을 한 번에 하나씩 추가하고, 추가할 때마다 잘 저어줍니다. 반죽은 부드럽고 크리미해야 합니다.

e) 건조 재료의 절반을 추가하고 섞일 때까지 저속으로 섞습니다. 남은 밀가루를 넣고 섞일 때까지 섞습니다. 반죽을 너무 많이 하지 않도록 주의하세요.

f) 1온스 스쿠프를 사용하여 반죽을 베이킹 시트에 나누어 놓고 쿠키를 약 2인치 간격으로 배치합니다.

g) 쿠키를 손바닥이나 나무숟가락 뒷면으로 살짝 펴주세요.

h) 쿠키를 7분 동안 굽습니다. 팬을 돌려서 4~6분간 더 굽거나 쿠키의 가장자리가 매우 옅은 갈색이 되지만 가운데는 거의 굳지 않을 때까지 굽습니다.

i) 쿠키를 베이킹 시트 위에서 10분간 식혀주세요. 그런 다음 용기나 1갤런 지퍼락 냉동백에 담아서 2 시간 동안 얼립니다.

j) 크림 샌드위치를 조립하려면 시트 팬 위에 냉동 쿠키 3개를 올려주세요. 약간 부드러워진

아이스크림을 둥근 스쿱(2~3온스) 씩 각 쿠키에 넣으세요.

k) 그 위에 쿠키 3개를 더 올리고, 아이스크림이 납작해지고 바깥쪽 가장자리와 만날 때까지 두 쿠키를 함께 뭉개줍니다.

l) 완전히 조립된 크림 샌드위치를 다시 냉동실에 넣고 남은 쿠키로 반복하세요.

52. 크림 퍼프 & 에클레어 링 케이크

6~12인분 분량

재료:

- 미지근한 물 1컵

- 조각으로 자른 무염 버터 4테이블스푼(½ 스틱)

- 표백되지 않은 다용도 밀가루 또는 글루텐 프리 밀가루 1컵

- 큰 계란 4개, 실온에 보관

- 짭짤한 바닐라 냉동 커스터드 또는 짠 염소 우유 초콜릿 냉동 커스터드

- 초콜릿 글레이즈 (전유 4테이블스푼 사용)

지도:

a) 오븐을 400° F로 예열하세요.

b) 중간 정도의 무거운 냄비에 물과 버터를 넣고 끓이면서 버터가 녹을 때까지 저어줍니다. 밀가루를 모두 붓고 혼합물이 공 모양이 될 때까지 섞습니다.

c) 불을 끄고 전기 믹서로 계란을 한 번에 하나씩 섞습니다.

크림 퍼프용

d) 4인치 크기의 개별 반죽 덩어리 6개를 기름칠하지 않은 쿠키 시트에 숟갈로 얹습니다(더 작은 퍼프의

경우 2인치 크기의 덩어리 12개를 만듭니다).
황금빛 갈색이 될 때까지 약 45분간 굽습니다.
오븐에서 꺼내어 식혀주세요.

에클레어용

e) 끝이 ¼인치인 일반 페이스트리 봉지를 끼운 다음
기름칠하지 않은 쿠키 시트에 6~12개의 4인치
스트립을 파이프로 연결합니다. 황금빛 갈색이 될
때까지 약 45분간 굽습니다. 오븐에서 꺼내어
식혀주세요.

링케이크의 경우

f) 한 숟가락의 반죽을 기름칠하지 않은 쿠키 시트에
떨어뜨려 12인치 타원형을 만듭니다. 황금빛 갈색이
될 때까지 45~50분간 굽습니다. 오븐에서 꺼내어
식혀주세요.

조립하기

g) 글레이즈를 준비합니다. 슈크림, 에클레어, 링
케이크를 반으로 자릅니다. 아이스크림을 채우고
윗부분을 다시 덮습니다.

h) 슈크림의 경우 각 퍼프의 윗부분을 초콜릿에
담그세요. 에클레어의 경우 글레이즈를 넉넉하게
스푼으로 발라주세요. 링 케이크의 경우 글레이즈에
우유 5테이블스푼을 추가로 저어줍니다. 링 케이크
위에 이슬비를 뿌립니다.

i) 서빙하려면 페이스트리나 케이크 조각을 접시에 배열하세요

53. 카타이피 네스트

18~24개의 둥지를 만듭니다.

재료:

- 무염 버터 ½파운드(2스틱)

- 꿀 1컵

- 1파운드짜리 냉동 카타이피 1개

- 바다 소금

지도:

a) 오븐을 375° F로 예열하세요.

b) 큰 냄비에 버터와 꿀을 넣고 중간 불로 가열하면서
버터가 녹을 때까지 저어줍니다. 섞어서 따로
보관해 두세요.

c) 조리대 위에 카타이피를 펼치세요. 한 손으로 약 ½ 인치 두께의 가닥 다발의 한쪽 끝을 잡고 다른 손을 사용하여 카타이피를 잡고 있는 손의 손가락(엄지손가락이 아님) 주위에 카타이피를 감습니다. 카타이피를 손가락으로 거의 완전히 감았으면 느슨한 끝을 비틀어서 둥지에 고정하고 기름칠하지 않은 베이킹 시트에 놓습니다. 나머지 kataifi로 반복하십시오.

d) 10~15분간 굽거나 황금빛 갈색이 될 때까지 굽습니다. 오븐에서 둥지를 꺼내서 허니 버터를 바르거나 두드리세요. 소금 몇 조각을 각각 뿌린다.

e) 둥지는 실온에서 최대 3일 동안 신선하게 유지됩니다.

f) 망고 라씨 프로즌 요거트 나 다른 프로즌 요거트나 아이스크림을 곁들여 따뜻하거나 시원하게 드세요 .

54. 주철 팬케이크

8~10인분 분량

재료:

- 무염 버터 4테이블스푼(½스틱)

- 큰 계란 4개, 실온에 보관

- 표백되지 않은 다용도 밀가루 ¼컵

- 전유 ½컵

- 좋은 바다 소금 한 꼬집

- 녹인 소금 버터 3테이블스푼

- 가루 설탕

- 레몬 1개

지도:

a) 오븐을 425° F로 예열하세요.

b) 10인치 주철 프라이팬에 무염 버터를 넣고 오븐에 넣어 팬을 예열하고 버터를 녹입니다.

c) 그동안 계란을 그릇에 넣고 밀가루, 우유, 소금을 넣고 잘 섞이도록 저어주세요. 반죽은 여전히 울퉁불퉁해야 합니다.

d) 오븐이 예열되면 뜨거운 팬을 조심스럽게 꺼내고(오븐 장갑을 사용하여) 반죽을 붓습니다. 즉시 팬을

오븐에 다시 넣고 20분간 굽거나 팬케이크가
푹신하고 황금빛 갈색이 될 때까지 굽습니다.

e) 오븐에서 꺼내 녹인 소금버터를 위에 부어주세요.
슈가파우더와 약간의 레몬 제스트를 뿌리고(
마이크로플레인 강판 사용) 레몬즙을 그 위에
짜냅니다.

f) 얇게 썰어 가루 설탕을 더 뿌린 후 아이스크림이나
냉동 요구르트와 함께 즉시 드세요.

55. 피오라아 옥수수 튀김

8~10시 제공

재료:

- 튀김용 식물성 기름 5컵

- 가루 설탕 2컵

- 신선한 옥수수 2개 또는 해동된 냉동 옥수수 1½컵

- 큰 계란 3개

- 전유 1½컵 또는 2% 우유

- 표백되지 않은 자가 부풀어오르는 밀가루 2½컵

지도:

a) 4쿼트 냄비에 기름을 넣고 365° F에 도달할 때까지 중간 불로 가열합니다.

b) 가루 설탕을 큰 그릇에 넣고 따로 보관해 두세요.

c) 신선한 옥수수 이삭을 사용하는 경우, 옥수수 속 알맹이를 잘라낸 다음 칼 뒤쪽으로 긁어내어 속을 "우유"로 짜서 액체를 추출합니다. 커널과 액체 1½컵을 예약하십시오.

d) 중간 크기의 그릇에 계란을 넣고 균일한 노란색이 될 때까지 포크로 치십시오.

e) 우유를 넣고 포크로 섞일 때까지 치십시오.
밀가루를 넣고 잘 섞은 뒤, 옥수수를 넣고
섞어주세요.

f) 기름이 365° F에 도달하거나 반죽 한 방울이
바닥에 가라앉았다가 다시 빠르게 떠오르면서 거품이
가득 퍼지면 반죽 3숟가락을 기름에 한 번에 하나씩
균일한 간격으로 떨어뜨립니다.

g) 튀김을 4분간 튀기고 뒤집어서 깊은 황금빛 갈색이
될 때까지 4분간 더 볶습니다.

h) 구멍이 있는 스푼을 사용하여 기름을 제거하고 종이
타월로 몇 초간 물기를 뺀 다음 가루 설탕을 부어
넣습니다. 반죽을 모두 다 쓸 때까지 반복하세요.
따뜻하게 서빙하세요.

56. 노스 마켓 와플

8~10인분 분량

재료:

- 전유 2½컵

- 16조각으로 자른 무염 버터 ½파운드(2스틱)

- 표백되지 않은 다용도 밀가루 또는 글루텐 프리
  밀가루 3컵

- 통밀가루 또는 글루텐 프리 밀가루 1컵

- 설탕 2테이블스푼

- 고운 바다소금 2티스푼

- 인스턴트 이스트 1테이블스푼

- 큰 계란 4개, 실온에 보관

- 바닐라 추출물 2티스푼

지도:

a) 큰 그릇에 밀가루, 설탕, 소금, 이스트를 섞습니다
   . 우유 혼합물을 넣고 부드러워질 때까지
   휘젓습니다.

b) 작은 그릇에 계란과 바닐라가 섞일 때까지 휘젓고,
   반죽에 넣고 섞일 때까지 휘젓습니다. 고무
   주걱으로 그릇의 측면을 긁어내고 부드러워질 때까지
   저어줍니다.

c) 그릇을 플라스틱 랩으로 덮고 최소 12시간, 최대 24시간 동안 냉장 보관하세요.

d) 와플 다리미를 가열하세요(항상 제조업체의 지침에 유의하세요). 냉장고에서 와플 반죽을 꺼내세요. 타자는 수축될 것이다; 휘저어서 재결합하세요.

e) 7인치 원형 다리미의 경우 와플당 약 ½컵 반죽을 사용하고 9x9인치 다리미의 경우 약 1컵을 사용합니다.

f) 와플을 4분 동안 굽거나, 갈색이 아닌 황금색이 될 때까지, 캐러멜화되거나 구워지지 않을 때까지 굽습니다.

g) 즉시 서빙하거나 나머지 와플을 요리하는 동안 200°F 오븐의 와이어 랙에 단층으로 따뜻하게 유지하세요.

57. 달콤한 엠빠나다

엠빠나다 10~12개 분량

재료:

반죽

- 표백되지 않은 다용도 밀가루 3컵

- 설탕 3테이블스푼

- 고운 바다소금 ¼티스푼

- 고품질 라드 또는 야채 쇼트닝 ½컵

- 큰 계란 1개, 풀어서 준비

- 버터밀크 1컵

충전재

- 껍질을 벗기거나 속을 제거하거나 씨를 제거하고 잘게 썬 사과, 복숭아, 자두 또는 살구 1파운드 또는 블루베리, 블랙베리 또는 라즈베리 1파운드

- 설탕 (½ 컵

- 고운 바다소금 ¼티스푼

- 레몬즙 2테이블스푼

- 옥수수 전분 1티스푼

- 튀김용 식물성 기름

지도:

a) 반죽을 만들려면 밀가루, 설탕, 소금, 라드를 푸드 프로세서에 넣고 혼합물이 거친 부스러기와 비슷해질 때까지 10~15회 펄스를 가하고 더 큰 라드 조각을 전체적으로 뿌립니다.

b) 풀어 놓은 계란을 넣고 포크로 가볍게 저은 다음 버터밀크를 넣고 모두 섞일 때까지 가볍게 저어줍니다. 반죽을 공 모양으로 만들고 비닐랩에 싸주세요. 최소 1시간 동안 냉장 보관하세요.

c) 필링을 만들려면 과일, 설탕, 소금, 레몬즙, 옥수수 전분을 중간 크기의 냄비에 넣고 혼합물이 약간 걸쭉해질 때까지 저으면서 중간 불로 조리합니다. 불을 끄고 식혀주세요.

d) 엠빠나다를 조립하려면 밀가루를 뿌린 표면에 반죽을 약 ⅛인치 두께의 큰 직사각형으로 굴립니다. 4인치 또는 5인치 비스킷 커터를 사용하여 시트에서 10~12개의 원을 자릅니다.

e) 남은 조각을 느슨하게 모으고 반죽이 다시 하나로 모일 때까지 단단히 반죽한 다음 이전처럼 펴고 추가로 원을 자릅니다. 필요에 따라 반복하십시오.

f) 반죽 한 덩어리의 중앙에 2~2½ 큰 술을 채워 넣습니다. 반죽을 반으로 접고 가장자리를 압착하여 밀봉합니다. 나머지 라운드와 채우기를 반복합니다.

g) 크고 깊은 냄비에 식물성 기름을 365° F로 가열합니다. 반죽이 진한 황금빛 갈색이 될 때까지

한 쪽당 2~4분씩 한 번씩 뒤집어 엠빠나다를 튀겨냅니다.

h) 나머지 엠빠나다를 요리하는 동안 종이 타월로 물기를 제거하고 따뜻한 오븐에 있는 접시에 옮깁니다. 따뜻하게 서빙하세요.

58. 아이스크림 빵 푸딩

8~10인분 분량

재료:

- 대략 찢어진 브리오슈 3컵

- 큰 계란 4개, 실온에 보관

- 녹인 남은 바닐라 아이스크림 1파인트

- 미지근한 물 ½컵

- 설탕 1컵

- 위스키 캐러멜 소스

지도:

a) 오븐을 350°F로 예열하세요

b) 브리오슈를 9x13인치 베이킹 접시에 넣습니다. 큰 그릇에 계란을 치십시오. 녹인 아이스크림, 물, 설탕을 넣고 잘 섞어주세요. 혼합물을 브리오슈 위에 붓고 15분 동안 그대로 둡니다.

c) 35분 동안 굽거나 윗부분이 캐러멜처럼 보일 때까지 굽습니다. 오븐에서 꺼내어 소스를 곁들인 후 따뜻하게 드세요

59. 바나나포스터

8인분을 만듭니다

재료:

- 부드러워진 무염 버터 4테이블스푼(½스틱)

- 포장된 흑갈색 설탕 ½컵

- 바나나 리큐어 2테이블스푼

- 약간 덜 익은 중형 바나나 4개, 지름을 반으로 자른 후 세로로 반으로 자릅니다.

- 브랜디 ½컵

- 좋은 바다 소금 한 꼬집

- 솔티 바닐라 냉동 커스터드

지도:

a) 10인치 두꺼운 프라이팬에 버터를 넣고 약한 불로 녹입니다. 흑설탕을 넣고 균일하게 촉촉해질 때까지 저어줍니다. 바나나 리큐어를 넣고 끓입니다.

b) 바나나를 추가하고 각 면을 약 30초 동안 한 번 뒤집어 요리합니다. 요리하는 동안 바나나 위에 소스를 조심스럽게 숟가락으로 뿌립니다.

c) 큰 홈이 있는 주걱을 사용하여 바나나를 제거하고 8개의 그릇에 나누어 팬에 소스를 최대한 남겨둡니다.

d) 소스를 끓인 후 조심스럽게 브랜디를 첨가합니다. 소스가 매우 뜨거우면 알코올에 불이 붙었다가 순간적으로 타버릴 수 있습니다. 그렇지 않은 경우 소스가 약간 걸쭉해지고 시럽처럼 될 때까지 3~4분 동안 끓이세요. 소금을 넣고 저어주세요.

e) 바나나 위에 핫 소스를 숟가락으로 얹고 아이스크림 한 스쿱과 함께 즉시 제공하세요.

60. 데친 과일

8인분을 만듭니다

재료:

- 화이트 와인이나 레드 와인 1병, 물 3컵

- 설탕 2컵

- 원하는대로 향신료 또는 허브 (겨울에는 스타 아니스, 여름에는 스위트 바질을 좋아합니다)

- 큰 배 또는 복숭아 4개, 껍질을 벗겨 반으로 잘라 씨를 제거한 자두 8개, 또는 절반으로 잘라 씨를 제거한 중간 살구 16개, 또는 씨를 제거한 체리 50개(약 1파운드)

지도:

a) 와인, 설탕, 향신료 또는 허브(사용하는 경우)를 4 쿼트 냄비에 넣고 약한 불로 끓기 직전까지 가열하여 설탕을 녹입니다.

b) 준비한 과일을 따뜻한 수란 액체에 부드럽게 넣고 부드러워질 때까지 필요에 따라 액체에 과일을 넣어 조리합니다.

c) 슬롯형 스푼을 사용하여 수란 액체에서 과일을 부드럽게 제거하고 뜨겁게 제공하거나 접시에 담아 식힙니다.

d) 식힌 후, 과일을 밀폐 용기에 담아 밀렵액으로 덮어 냉장고에 최대 3일 동안 보관할 수 있습니다.

61. J-바

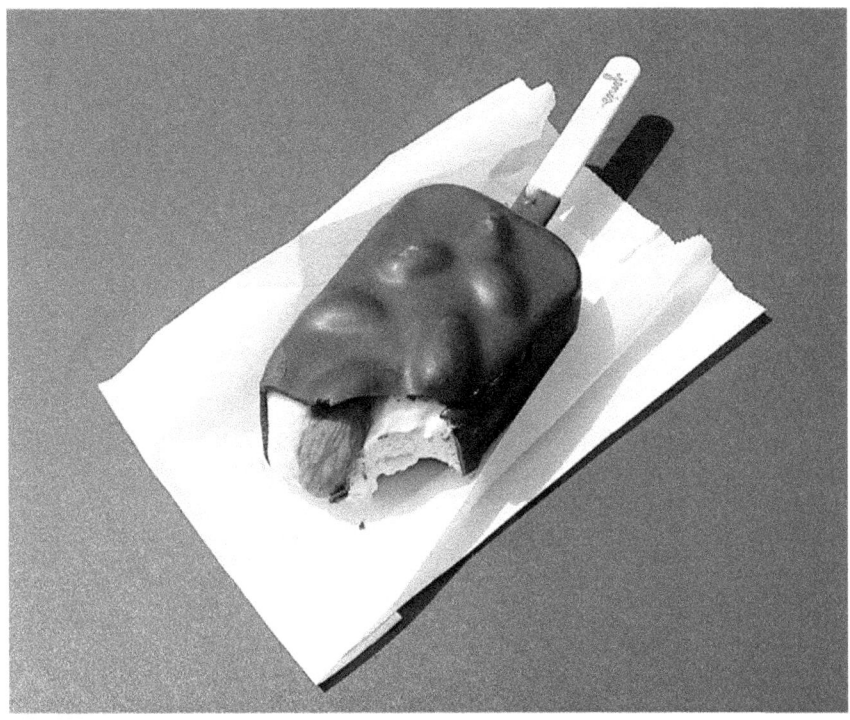

J바 10개를 만듭니다.

재료:

- 짭짤한 캐러멜 소스 ½컵

- 스위트 크림 아이스크림 또는 원하는 1쿼트 아이스크림(약간 부드러워진 것)

- 아몬드, 피칸, 땅콩 등 훈제하거나 구운 견과류 또는 소금에 절인 견과류 ½컵

- 잘게 썬 씁쓸하고 달콤한 초콜릿(최소 60% 카카오 함유) 12온스

- 정제된 코코넛 오일 ⅓컵

지도:

a) 베이킹 시트에 왁스 종이를 깔고 냉동실에 넣으세요. 캐러멜 소스를 짜는 병에 넣고 냉장 보관하세요.

b) 2개의 5바 실리콘 아이스크림 몰드에 아이스크림을 채우고 오프셋 주걱으로 윗부분을 수평으로 만듭니다. 각 금형에 막대기를 삽입하십시오. 왁스 종이로 덮고 30분 동안 얼려 아이스크림을 약간 단단하게 만드세요.

c) 작은 숟가락 손잡이를 사용하여 각 틀의 중앙에 있는 작은 도랑을 긁어낸 다음 그 도랑에 캐러멜 소스를 채웁니다. 각 틀에 있는 아이스크림에 견과류 3~5비트를 눌러 넣습니다. 몰드를 왁스

종이로 덮고 냉동실에 다시 넣어 3~4시간 동안 완전히 굳힙니다.

d) 초콜릿과 코코넛 오일을 이중 냄비에 넣고 중간 불로 가열하면서 초콜릿이 모두 녹고 코코넛 오일이 완전히 섞일 때까지 저어줍니다.

e) 불을 끄고 작고 깊은 그릇에 옮기고 뜨거워지지 않고 액체 상태가 될 때까지 식힙니다.

f) J-바를 냉동실에서 꺼내어 각각 틀에서 꺼냅니다. 막대기로 각 막대를 초콜릿에 담그고 3까지 센 다음 제거하여 여분의 초콜릿이 초콜릿 그릇에 다시 떨어지도록 한 다음 준비된 베이킹 시트에 막대를 놓습니다.

g) J-바를 냉동실에 넣어 최소 2시간 동안 굳힙니다.

칵테일 S

62. 돌속의검

1잔을 만든다

재료:

- 진 ¼컵

- 배 리큐어 2테이블스푼

- 4온스 스쿱 1개(약 ¼파인트) 밀싹, 배, 비뉴 베르데 셔벗

- 칵테일 검 1개

지도:

a) 진과 배 리큐어를 얼음과 함께 쉐이커에 넣고 흔들어 식혀줍니다.

b) 차가운 마티니 잔(또는 킹리 잔)에 셔벗 한 스쿱을 넣습니다 .

c) 진 혼합물을 위에 붓고 서빙하세요

63. 무릎을 루즈하세요

1잔을 만든다

재료:

- 4온스 청크(약 ¼파인트) 레드 라즈베리 셔벗 1개

- 진 ¼컵

- 소다수 1~2온스

- 라임 트위스트

- 라벤더 장식

지도:

a) 키가 큰 유리잔 옆면에 셔벗 덩어리를 기대어 놓습니다.

b) 진을 붓고 입맛에 맞게 소다수를 첨가하세요. 라임 트위스트와 라벤더 장식으로 장식합니다.

64. 호수의 여인

1잔을 만든다

재료:

- 보드카 또는 진 ¼컵

- 스위트크림 아이스크림 2테이블스푼

- 4온스 스쿱(약 ¼파인트) 돌과일 셔벗 1개

- 칵테일 검 1개

지도:

a) 아이스크림이 녹고 섞일 때까지 셰이커에 보드카와 아이스크림을 흔듭니다.

b) 차가운 유리잔에 셔벗 한 스쿱을 넣습니다 .

c) 보드카를 주변에 붓고 서빙하세요

토핑

65. 설탕콘

재료:

- 큰 달걀 흰자 2개
- 설탕 (½ 컵
- 전유 3큰술
- 순수 바닐라 추출물 ½티스푼
- 소금 ¼티스푼
- 다용도 밀가루 ⅔컵
- 계피 가루 ¼작은술(선택 사항)
- 녹인 무염 버터 2테이블스푼
- 약간 달콤한 초콜릿 또는 다크 초콜릿 4온스(선택 사항)

지도:

a) 작은 그릇에 달걀 흰자, 설탕, 우유, 바닐라, 소금을 넣고 휘젓습니다. 밀가루, 계피, 버터를 추가합니다. 완전히 섞이고 반죽이 부드러워질 때까지 휘젓습니다.

b) 들러붙지 않는 프라이팬에 소량의 쿠킹 스프레이를 살짝 바르거나 중성 오일을 살짝 발라줍니다. 약 2 ½테이블스푼의 반죽을 차가운 프라이팬에 붓고 얇고 고른 층으로 펴 바릅니다.

c) 프라이팬을 중간 불에 놓고 디스크를 4~5분 동안 또는 콘이 굳어 바닥이 살짝 황금색이 될 때까지 요리합니다. 디스크를 조심스럽게 뒤집고 1~2분 동안 계속 요리하세요.

d) 설탕 디스크를 깨끗한 수건 위에 빠르게 놓고 콘 롤러로 그 위에 올려 놓습니다. 수건과 콘 롤러를 사용하여 디스크를 콘 모양으로 굴린 다음 콘이 식고 굳을 때까지 이음새를 따라 1~2분 동안 단단히 고정합니다.

e) 프라이팬을 닦고 반죽을 모두 사용할 때까지 반복합니다.

f) 콘을 초콜릿에 담그고 싶다면 트레이에 양피지를 깔아주세요. 콘이 완전히 식으면 초콜릿을 전자레인지에 30초 단위로 녹입니다.

g) 콘 끝부분을 초콜릿에 살짝 담그고 초콜릿이 굳을 때까지 양피지 위에 올려 놓습니다.

h) 밀폐용기에 담아 실온에서 보관하면 콘은 최대 1주일 동안 보관 가능합니다.

66. 파인애플 하바네로 마멀레이드

재료:

- 껍질을 벗겨 속을 파낸 중간 크기 파인애플 1개 얇게 썬 하바네로 고추 2개
- 설탕 1컵
- 라임 2개의 주스와 같은 껍질
- 코셔 소금 ¼티스푼
- 백식초 3테이블스푼

지도:

a) 큰 그릇에 놓인 강판의 큰 구멍에 파인애플을 갈아주세요. 주스를 예약하세요.

b) 큰 냄비에 파인애플과 파인애플 주스를 고추, 설탕, 라임 주스, 소금과 함께 섞습니다. 중간 불로 끓인 후 불을 줄여 계속 끓인 후 식초를 첨가합니다.

c) 혼합물이 숟가락 뒷면에 코팅될 만큼 걸쭉해질 때까지 가끔 저어주면서 8~10분간 조리합니다. 불을 끄고 라임껍질을 넣고 섞은 후 식힙니다.

d) 마멀레이드는 밀폐용기에 담아 냉장고에 보관하면 최대 1주일 동안 보관할 수 있습니다.

67. 체리 히비스커스 설탕에 절인 과일

재료:

- 씨를 제거한 신선 또는 냉동 빙 체리 2파운드(약 4 ½컵)
- 설탕 ¼컵
- 물 ½컵
- 말린 히비스커스 꽃 ¼컵 코셔 소금 약간

지도:

a) 바닥이 두꺼운 큰 냄비에 모든 재료를 섞습니다.

b) 중간 불로 끓인 후 불을 줄여 계속 끓인 후 가끔 저어주면서 육즙이 숟가락 뒷면에 코팅될 만큼 걸쭉해질 때까지 약 10분간 조리합니다. 불을 끄고 식혀주세요.

c) 밀폐용기에 담아 냉장고에 보관하면 설탕에 절인 과일은 최대 1주일 동안 보관할 수 있습니다.

68. 패션프루트 카라멜 소스

재료:

- 설탕 2컵
- 물 ½컵
- 가벼운 옥수수 시럽 2티스푼
- 패션프루트 퓨레 1⅓컵
- 조각으로 자른 무염 버터 4테이블스푼
- 코셔 소금 ½티스푼

지도:

a) 바닥이 두꺼운 큰 냄비에 설탕, 물, 옥수수 시럽을 섞습니다. 설탕이 녹을 때까지 저으면서 중간 불로 끓이고 가끔씩 젖은 페이스트리 브러시로 팬의 측면을 닦아 설탕 결정을 씻어냅니다.

b) 불을 중간 정도까지 높이고 시럽이 진한 호박색이 될 때까지 젓지 않고 약 8분간 끓입니다. 열에서 팬을 제거하십시오.

c) 패션프루트 퓨레(거품이 나고 튀기므로 부을 때 조심하세요), 버터, 소금을 조심스럽게 넣고 거품기로 휘저어 최대한 섞습니다(캐러멜이 약간 굳습니다).

d) 팬을 중약불에 놓고 끓인 후 캐러멜이 녹고 소스가 부드러워질 때까지 저으면서 요리합니다. 불을 끄고 식혀주세요. 밀폐용기에 담아 냉장고에 보관하면 소스는 최대 10일까지 보관할 수 있습니다.

e) 소스를 따뜻하게 또는 실온에서 제공하십시오.

69. 염소우유 카라멜

재료:

- 염소유 4컵 또는 우유와 염소유 혼합, 저온살균하지 않은 우유 선호
- 설탕 1¼컵
- 베이킹 소다 ¼티스푼
- 순수 바닐라 추출물 ½티스푼
- 코셔 소금 약간

지도:

a) 바닥이 두꺼운 큰 냄비에 우유, 설탕, 베이킹 소다를 함께 섞습니다.

b) 센 불로 끓인 다음 불을 줄여 센 불로 끓인 후 가끔 저어주면서 혼합물이 걸쭉해지고 어두운 캐러멜색이 될 때까지 1~1½시간 동안 요리합니다. 혼합물이 걸쭉해지면 더 자주 저어주세요.

c) 내열용기에 옮겨 담아 식혀주세요. 바닐라와 소금을 넣고 저어주세요. 캐러멜은 밀폐용기에 담아 냉장고에 보관하면 최대 10일 동안 보관할 수 있습니다.

70. 설탕에 절인 호박 씨앗

재료:

- 설탕 1컵
- 코셔 소금 1티스푼
- 큰 달걀 흰자 1개
- 호박씨 3컵

지도:

a) 오븐을 300°F로 예열하세요. 테두리가 있는 베이킹 시트에 약간의 식물성 기름을 살짝 바르거나 양피지를 깔아주세요.

b) 작은 그릇에 설탕, 고추(사용하는 경우), 소금을 함께 섞습니다. 중간 크기의 그릇에 거품이 생길 때까지 포크로 달걀 흰자를 치십시오. 호박씨와 설탕 혼합물을 넣고 씨앗이 고르게 코팅될 때까지 저어줍니다.

c) 준비된 베이킹 시트에 호박씨를 뿌리고 토스트될 때까지 몇 번 저어주며 10~12분간 굽습니다. 실온으로 식히십시오.

d) 밀폐용기에 담아 서늘하고 건조한 곳에 보관하면 호박씨는 최대 1개월까지 보관할 수 있습니다.

71. 바닐라와 데킬라 휘핑 크림

재료:

- 차가운 헤비 크림 1컵
- 설탕 2큰술
- 세로로 쪼개진 바닐라 빈 1개 또는 순수 바닐라 추출물 1티스푼

지도:

a) 스테인리스 그릇과 거품기를 냉동실에 넣고 10~15분 동안 식혀주세요.

b) 차가운 그릇에 크림과 설탕을 섞습니다. 바닐라 콩을 사용하는 경우 껍질 벗기기 칼을 사용하여 꼬투리 반쪽에서 씨앗을 긁어낸 후 크림 혼합물에 씨앗을 추가합니다.

c) 식힌 거품기로 거품기를 들었을 때 크림이 부드러운 봉우리를 가질 때까지 휘핑합니다.

d) 데킬라(사용하는 경우 바닐라 추출물도 포함)를 넣고 휘젓습니다. 크림 봉우리가 중간 정도 뻣뻣해질 때까지 계속 휘젓습니다.

e) 바로 사용하거나, 비닐랩으로 덮어 최대 2일 동안 냉장 보관하세요.

72. 필론실로 카라멜화된 피칸

재료:

- 잘게 다진 필론실로 8온스
- 멕시코산 계피 1개(1인치)
- 물 ⅓컵 파칸 반쪽 3¼컵
- 테두리가 있는 베이킹 시트에 기름을 살짝 바릅니다.

지도:

a) 냄비에 필론실로, 계피, 물을 섞습니다. 팬을 중불에 놓고 필론실로가 녹고 혼합물이 거품이 많고 걸쭉하며 황금색이 될 때까지 4~6분 동안 저으면서 요리합니다.

b) 파칸의 약 1/3을 추가하고 코팅되도록 저어줍니다. 남은 파칸을 두 번에 나누어 추가하고 계속 저어줍니다. 필론실로는 결정화되어 모래처럼 보이기 시작합니다.

c) 모든 파칸이 코팅될 때까지 계속 저어줍니다.

d) 준비된 베이킹 시트에 파칸을 붓고 숟가락으로 분리합니다. 계피 조각을 제거하십시오. 실온으로 식히십시오.

e) 밀폐용기에 담아 서늘하고 건조한 곳에 보관하면 파칸은 최대 3주 동안 보관할 수 있습니다.

73. 매운 망고

재료:

- 라임 1개
- 익었지만 단단한 망고 1파운드
- 코셔 소금 3티스푼
- 설탕 3컵
- 물 2컵
- 가벼운 옥수수 시럽 ¼컵
- ⅓컵 같은 과히요, 피킨, 아르볼 고추 또는 조합

지도:

a) 야채 필러를 사용하여 라임 껍질을 스트립으로 제거하십시오. 라임즙을 짜냅니다.

b) 망고 껍질을 벗기고 과육을 큰 덩어리나 쐐기로 자릅니다. 그릇에 망고와 소금 1티스푼, 라임즙을 넣고 버무립니다.

c) 큰 냄비에 설탕, 물, 옥수수 시럽, 라임 껍질을 넣고 중간 불로 끓입니다.

d) 불을 중간 정도까지 낮추고 망고 덩어리를 넣고 가끔씩 저어주면서 20분간 천천히 끓입니다.

e) 불을 끄고 팬을 뚜껑이나 무명천으로 덮고 실온에서 밤새 방치합니다.

f) 다음날 팬 뚜껑을 열고 중간 불에 올려 시럽을 끓입니다.

g) 20분간 끓이면서 가끔 저어주고 필요에 따라 불의 세기를 조절하여 끓어오르는 정도를 유지합니다.

불을 끄고 뚜껑이나 무명천으로 덮어 실온에서
하룻밤 동안 방치합니다.

h) 셋째 날에 다시 팬을 열고 중간 불에 올려 끓입니다
. 가끔 저어주면서 5분간만 조리한 후 불을 끄고
실온으로 식힙니다.

i) 식힌 후 슬롯형 스푼을 사용하여 망고 덩어리를
베이킹 시트 위에 놓인 와이어 랙으로 옮깁니다.
라임 껍질을 버리세요.

j) 망고 조각이 더 이상 젖지 않을 때까지(끈적거림)
8~10시간 동안 물기를 빼냅니다.

k) 그릇에 갈은 고추와 나머지 2티스푼의 소금을 함께
섞습니다. 일괄적으로 작업하면서 모든 면이 코팅될
때까지 망고 조각을 칠레 혼합물에 버립니다.

l) 시원하고 건조한 곳에 밀폐 용기에 보관하면 망고는
최대 1개월 동안 보관할 수 있습니다.

74. 아몬드 크럼블 토핑

재료:

- 다용도 밀가루 ½컵
- 얇게 썬 아몬드 ½컵
- 과자 장수용 설탕 ½컵
- 흑설탕 ¼컵, 소금 ⅛ 티스푼 포장
- 계피가루 ¼티스푼
- 식힌 후 여러 조각으로 자른 버터 4큰술

지도:

a) 오븐을 350° F로 예열하세요. 베이킹 시트에 양피지를 깔아주세요.

b) 밀가루, 아몬드, 설탕, 소금, 계피를 푸드 프로세서에 넣고 아몬드가 아몬드 가루로 완전히 부서지고 혼합물이 잘 섞일 때까지 휘젓습니다.

c) 혼합물이 거친 모래 질감이 되고 완두콩보다 큰 버터 조각이 남지 않을 때까지 버터와 펄스를 추가합니다.

d) 혼합물을 큰 그릇에 옮깁니다. 혼합물을 손으로 꽉 쥐면 완두콩 크기부터 호두 크기까지 큰 크럼블 형태로 서로 달라붙어야 합니다. 전체 혼합물을 다양한 크기의 크럼블로 나눕니다.

e) 아몬드 크럼블을 준비된 베이킹 시트에 옮깁니다.

f) 크럼블이 연한 황금색이 되고 바삭바삭해질 때까지 5분마다 주걱으로 살짝 저어주면서 약 15분 동안 굽습니다.

g) 완전히 식힌 크럼블은 밀폐용기에 담아 며칠 동안 보관할 수 있습니다.

2컵 정도 나옵니다

선디

75. 나커보커의 영광

재료:

- 신선한 딸기와 체리

- 바닐라 아이스크림 2스쿱

- 과일 젤리 6~8 큰술

- 딸기 또는 라즈베리 소스

- 딸기 아이스크림 2스쿱

- 휘핑한 헤비 크림 1/2컵

- 구운 슬라이스 아몬드

지도:

a) 두 개의 차가운 선데이 잔 바닥에 약간의 신선한 과일을 배열합니다. 바닐라 아이스크림 한 스쿱을 넣고 과일 젤리와 과일 소스를 추가하세요.

b) 다음으로 딸기 아이스크림을 추가하고 과일 소스를 더 추가합니다. 이제 휘핑 크림, 신선한 과일, 견과류를 얹고 소스와 견과류 몇 개를 더 올리세요.

c) 30분 이내로 냉동실에 보관하거나 즉시 드세요. 보관용 은 아니므로 필요에 따라 준비하세요.

d) 시작하기 전에 적절한 재료를 선택하고 잘 차갑게 식힌 잔을 준비하는 것이 좋습니다.

2인분

76. 복숭아 멜바

재료:

- 껍질을 벗긴 크고 잘 익은 복숭아 4개

- 잘게 간 껍질과 레몬 1개의 즙

- 제과 용 설탕 3 테이블 스푼 _

- 바닐라 아이스크림 8스쿱

멜바 소스에

- 잘 익은 라즈베리 1 1/2컵

- 레드커런트 젤리 2 큰술

- 최고급 설탕 2 큰술

지도:

a) 복숭아를 반으로 자르고 씨를 제거하십시오. 오븐용 접시에 복숭아 반쪽을 단단히 포장하고 레몬즙을 바릅니다. 제과업체의 설탕을 넉넉하게 뿌립니다. 접시를 예열된 브로일러 아래에 5~7분 동안 두거나 황금색이 되어 거품이 날 때까지 기다립니다. 식히세요.

b) 소스를 만들려면 라즈베리를 젤리와 설탕과 함께 데운 후 체에 걸러주세요. 식히세요.

c) 아이스크림 1~2스쿱과 함께 복숭아를 접시에 담습니다. 멜바 소스를 뿌리고 레몬 껍질 조각으로 마무리합니다.

4인분

77. 카푸치노 프페

재료:

- 커피 리큐어 4 큰술

- 1/2 레시피 커피 젤라또

- 럼 4 큰술

- 휘핑한 헤비 크림 1/2컵

- 체로 쳐진 무가당 코코아 가루 1 큰술

지도:

a) 냉동실용 유리잔이나 컵 6개의 바닥에 리큐어를 붓고 잘 식히거나 얼립니다.

b) 부분적으로 얼 때까지 지시에 따라 젤라또를 준비하십시오. 그런 다음 거품이 생길 때까지 전기 믹서로 럼을 휘젓고 냉동 리큐어 위에 즉시 숟가락을 얹은 다음 단단하지만 단단하지 않을 때까지 다시 얼립니다.

c) 젤라또 위에 휘핑크림을 짜주세요. 코코아 가루를 넉넉하게 뿌린 후 완전히 서빙할 준비가 될 때까지 몇 분 동안 냉동실에 다시 넣으세요.

6인분

78. 아이스라씨

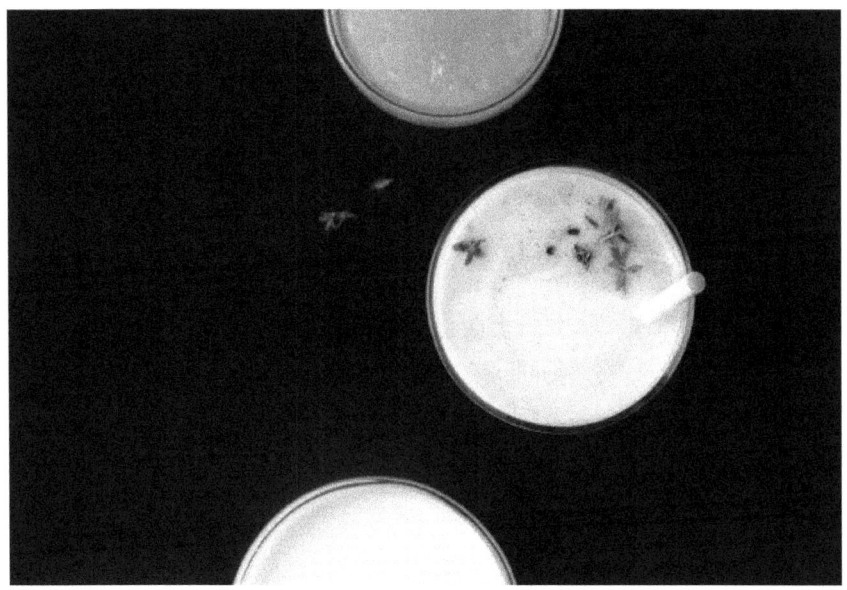

재료:

- 부분적으로 냉동된 플레인 요거트 2컵
- 얼음물 1/2컵
- 얼음 조각 1/2컵
- 4 테이블스푼, 입맛에 따라 더 추가
- 갓 간 육두구

지도:

a) 요거트, 얼음물, 각얼음, 꿀을 푸드 프로세서나 블렌더에 넣습니다. 거품이 생기고 잘 섞일 때까지 섞습니다. 아이스 키 큰 유리잔에 옮기고 약 30분 동안 얼립니다.

b) 맛을 내기 위해 꿀을 조금 더 곁들여 갓 간 육두구를 뿌립니다.

1인분

79. 아이스크림 플로트

재료:

- 차가운 레몬-라임 소다 2컵
- 바닐라 아이스크림 2스쿱
- 미니 마시멜로 몇 개

지도:

a) 차갑고 긴 소다 잔에 아이스크림 1스쿱을 넣으세요. 탄산음료는 아이스크림에 닿으면 거품이 나기 때문에 천천히 부어주세요.

b) 두 번째 아이스크림을 추가하고 그 위에 작은 마시멜로 몇 개를 얹습니다. 긴 소다수저와 빨대를 사용하여 즉시 차려냅니다.

1개 만든다

80. 수박& 딸기 슬러시

재료:

- 으깬 얼음 1컵

- 껍질을 벗기고 반으로 자른 신선한 딸기 1컵

- 수박 과육 1컵(씨 제거)

- 딸기시럽 2 ˜3 큰술

- 장식용 신선한 과일 조각

지도:

a) 블렌더나 푸드 프로세서에 모든 재료(서빙할 과일 몇 조각 남겨두기)를 넣습니다. 모든 재료가 슬러시가 될 때까지 짧게 섞으십시오. 과도하게 혼합하지 마십시오. 서빙 준비가 완료될 때까지 용기에 담아 냉동실에 보관하세요.

b) 필요할 경우 키가 큰 잔(또는 마티니 잔)에 담아 과일 몇 조각을 얹어 서빙하세요.

1인분

81. 아이스 살구 & 석류 스무디

재료:

- 플레인 또는 복숭아 요구르트 1컵
- 잘게 썰어 씨를 제거한 익은 살구 2컵
- 맑은 꿀 2~3 큰술
- 얼음 몇 개
- 석류 1/2개, 씨를 제거하고 흰 속을 제거함

지도:

a) 석류를 체에 걸러냅니다. 요거트, 살구, 꿀, 얼음, 석류 주스(씨 한 스푼은 남겨두세요)를 블렌더나 푸드 프로세서에 넣습니다. 정말 부드러워질 때까지 섞으세요.

b) 잠시(최대 30분) 얼리거나 석류씨 한 숟가락을 얹어 즉시 즐기세요.

2인분

82. 초콜릿 너트 선데

재료:

- 리치 초콜릿 아이스크림 1스쿱

- 버터 피칸 아이스크림 1스쿱

- 2 큰술 초콜릿 소스

- 구운 혼합 견과류 2 큰술

- 초콜릿 플레이크, 컬 또는 스프링클

지도:

a) 차가운 순대 접시에 아이스크림 두 스쿱을 담습니다.

b) 초콜릿 소스를 뿌린 다음 견과류와 초콜릿을 뿌립니다.

1인분

83. 초콜릿에 담근 젤라또 팝

재료:

- 1가지 레시피 럭셔리 바닐라 젤라또

- 레시피 1개 초콜릿 소스

- 잘게 썬 견과류 또는 스프링클

지도:

a) 아이스크림을 다양한 크기의 스쿱으로 만들어 보세요. 즉시 왁스칠한 종이 위에 놓고 완전히 다시 냉동하세요.

b) 초콜릿 소스를 준비한 다음 식으면서 걸쭉해지지 않을 때까지 서늘한(차갑지 않은) 곳에 두세요.

c) 여러 장의 팬을 왁스 종이로 덮습니다. 아이스크림 막대를 아이스크림 스쿱 중앙에 밀어 넣고 초콜릿에 담가 완전히 덮습니다. 초콜릿이 완전히 떨어질 때까지 초콜릿 그릇 위에 올려놓고 깨끗한 왁스칠 종이 위에 올려주세요.

d) 원하는 경우 견과류나 색깔 있는 스프링클을 뿌립니다. 얼음을 냉동실에 넣고 아주 단단해질 때까지(몇 시간) 그대로 두세요. 몇 주 동안 보관이 가능하지만, 사용하는 아이스크림의 종류에 따라 다르겠지만, 최대한 빨리 드시는 것이 좋습니다.

6~8개 만든다

어린이를 위한 아이스 간식

84. 냉동 초콜릿 바나나

재료:

- 단단하지만 잘 익은 작은 바나나 4개
- 6온스 밀크 초콜릿, 덩어리로 쪼개짐
- 헤비 크림 6 큰술
- 오렌지 주스 4 큰술

지도:

a) 바나나를 껍질째 얼려 약 2시간 동안 얼려주세요.

b) 작은 팬에 초콜릿을 크림과 오렌지 주스와 함께 녹이고 녹고 부드러워질 때까지 가끔 저어줍니다. 차가운 그릇에 붓고 걸쭉해지고 식을 때까지 놔두세요. 너무 차갑게 두지 마십시오. 그렇지 않으면 쉽게 코팅되지 않습니다.

c) 바나나를 냉동실에서 꺼내서 껍질을 깔끔하게 제거하세요. 바나나 하나하나를 초콜릿에 담가서 잘 코팅한 후, 긴 나무꼬치 1~2개를 이용해 떼어냅니다. 여분의 초콜릿이 떨어지는 동안 바나나를 그릇 위에 올려 놓습니다. 그런 다음 초콜릿이 굳을 때까지 왁스 칠한 종이 위에 바나나를 놓습니다. 2~3등분으로 잘라서 드실 준비가 될 때까지 냉동실에 다시 넣어두세요.

d) 원하는 경우 서빙할 각 조각에 아이스캔디 막대를 삽입합니다.

e) 이 바나나는 보관이 잘 안 되기 때문에 만든 당일에 먹어야 합니다.

4인분

85. 아이스크림 쿠키 샌드위치

재료:

- 초콜릿 쿠키 12개
- 부드러워진 바닐라(또는 다른 맛) 아이스크림 2컵

지도:

a) 쿠키를 트레이에 담아 냉동실에 넣으세요

b) 부드러워진 아이스크림을 평평한 팬이나 용기에 약 1/2인치 두께로 펴고 다시 얼립니다. 단단하지 않고 다시 단단해지면 쿠키에 맞게 아이스크림 6개를 잘라냅니다. 팬에서 아이스크림을 조심스럽게 쿠키 6개 위에 옮깁니다.

c) 두 번째 쿠키를 얹습니다. 잘 눌러 밀봉한 후 먹을 준비가 될 때까지 냉동하세요. 잘 얼면 먹기 10~15분 전에 냉동실에서 꺼내세요. 그렇지 않으면 매우 단단해집니다.

d) 며칠 안에 식사하세요

6인분

86. 얼음 과일 국자

재료:

- 질이 좋고 신선한 과일(딸기, 체리, 케이프 구스베리) 3~4컵(1 1/2~2파운드)

- 달게 휘핑한 헤비 크림 1컵

- 라즈베리 소스 3/4컵

- 망고 소스 3/4컵

- 사탕 뿌리

지도:

a) 과일을 닦거나 확인하여 간단하게 준비하십시오. 단, 줄기나 손에 닿을 수 있는 부분은 남겨 두십시오. 너무 단단하지 않게 얼음이 될 때까지 최소 1시간 동안 베이킹 시트 위의 왁스칠 종이 위에 따로 얼려주세요.

b) 휘핑크림, 라즈베리, 망고 소스, 스프링클이 담긴 그릇을 차려냅니다.

c) 커다란 접시에 얼린 과일을 이쑤시개로 담아서 담아냅니다.

6인분

87. 끈적끈적한 토피 간식

재료:

- 토피 소스 1컵

- 바닐라 아이스크림 3컵

- 설탕콘 4개

지도:

a) 참을성 없는 젊은이들이 줄지어 있다면 잘 준비해야 합니다.

b) 걸쭉하지만 따르기 쉽도록 소스를 실온에 꺼내세요. 떠먹을 아이스크림을 준비해주세요. 홀더에 콘을 준비하세요.

c) 소스를 2~3숟가락 떠서 아이스크림 위에 발라주세요. 그런 다음 빠르게 아이스크림 한 스쿱을 꺼내 동시에 소스를 휘저어 콘에 넣으세요.

d) 동일한 콘에 두 번째 스쿠프를 추가하려면 반복하세요. 위에 소스를 마지막으로 뿌려주세요. 즉시 봉사하십시오.

4인분

88. 과일 얼음 조각

재료:

- 퓌레 라즈베리 1컵
- 플레인 또는 과일 요거트 1컵

지도:

a) 과일과 요구르트를 함께 섞으세요. 크고 쉽게 꺼낼 수 있는 얼음 트레이나 과일 모양의 얼음 트레이에 붓습니다. 쉽게 나올 수 있도록 윗부분을 매끄럽게 만들어 완전히 평평하게 만듭니다. 원한다면 작은 아이스바를 삽입하세요.

b) 3~4시간 또는 하룻밤 동안 얼립니다. 예쁜 접시에 담아 신선한 과일과 쿠키 조각을 곁들여 드세요.

10~12개의 큰 큐브를 만듭니다.

89. 아이스 과일팝

재료:

- 갈거나 퓌레로 만든 신선한 과일(파인애플, 복숭아, 망고) 1 1/2컵

- 설탕 맛

- 오렌지 주스 농축액 1/2컵

지도:

a) 퓌레 과일을 설탕, 오렌지 주스와 섞습니다. 부분적으로 얼 때까지 아이스캔디 용기에 넣어 얼립니다. 과일이 잘 섞이도록 한 번 저어준 후 거의 굳을 때까지 다시 얼립니다.

b) 각 팝시클 중앙에 아이스캔디 막대를 놓고 단단해질 때까지 얼립니다.

c) 냉동실에서 바로 드세요. 가능한 한 빨리 드시거나, 뚜껑이 있는 용기에 담아 1개월 이상 냉동 보관하지 않는 것이 좋습니다.

4~6개 제작(틀 크기에 따라 다름)

90. 아이스크림 컵케익

재료:

- 딸기 아이스크림 2컵

- 휘핑한 헤비 크림 6 큰술

- 신선한 라즈베리 12개

- 사탕 뿌리

지도:

a) 머핀 팬에 종이 또는 호일 베이킹 컵 6개를 넣습니다. 매우 얇은 종이 베이킹 컵을 사용하는 경우 추가 지원을 위해 두 배로 사용하세요.

b) 아이스크림이 숟가락으로 떠먹을 수 있을 정도의 부드러운 농도가 되면 베이킹 컵을 채우고 윗부분을 평평하게 만듭니다. 서빙 준비가 거의 완료될 때까지 냉동실에 다시 넣으세요.

c) 서빙하려면 원하는 경우 베이킹 컵을 제거하고 얼음 케이크를 잘 식힌 서빙 접시에 놓습니다. 각 얼음 위에 약간의 휘핑 크림, 라즈베리 2개, 스프링클 쉐이크를 얹습니다. 먹을 준비가 될 때까지 냉동실에 다시 넣으십시오.

d) 이 작은 아이스 케이크는 하루 이상 보관하기에는 적합하지 않으므로 필요한 만큼만 만들어 보세요.

6인분

91. 비식한 요거트 모양

재료:

- 좋은 걸쭉한 꿀 1컵
- 두꺼운 그릭 요거트 3컵
- 가볍게 휘핑한 헤비 크림 1컵
- 순수 바닐라 추출물 1 티스푼
- 사탕 뿌리

지도:

a) 꿀을 아주 살짝 데워서 부드럽게 만드세요. 요거트, 생크림, 바닐라를 넣고 잘 섞은 후 얕은 용기에 부어 얼리면서 포크로 한두 번 저어줍니다.

b) 1시간 동안 얼린 후 포크로 쪼개고, 단단하지만 숟가락으로 떠먹을 수 있을 때까지 한 시간 더 얼립니다.

c) 달라붙지 않는 종이를 시트 팬에 깔아주세요. 팬 위에 동물 모양이나 다른 쿠키 커터를 놓고 아이스크림을 채우고 윗면이 수평이 되도록 하세요.

d) 정말 단단해질 때까지 빠르게 냉동고에 1~2시간 동안 넣어두세요.

e) 서빙할 준비가 되면 아이스크림을 틀에서 꺼내 얼음처럼 차가운 접시에 조심스럽게 밀어 넣으세요. 표면이 부드러워질 때까지 1~2분 정도 기다립니다. 그런 다음 나무 꼬치 1~2개를 사용하여 스프링클 그릇에 한쪽 또는 양쪽을 담그세요.

f) 매우 빨리 녹기 시작하므로 즉시 냉동고에 다시 넣으십시오.

g) 서빙하려면 각각에 아이스바를 하나씩 넣으세요.

금형에 따라 6~10개 정도의 모양을 만듭니다.

신선하고 과일이 가득한 간식

92. 아이스 블랙베리 & 페어 로마노프

재료:

- 달콤한 배 퓌레 1컵
- 휘핑한 헤비 크림 1컵
- 두꺼운 그릭 스타일 요거트 1컵
- 레몬 1개를 잘게 갈아서 만든 껍질
- 대략 부서진 작은 머랭 1컵
- 달콤하고 잘 익은 블랙베리 1컵

지도:

a) 큰 그릇에 배 퓌레, 휘핑 크림, 요거트, 레몬 제스트를 함께 섞습니다. 맛을 원하거나 블랙베리가 너무 달지 않다면 약간의 설탕을 첨가하세요.

b) 이제 부서진 머랭과 마지막으로 블랙베리를 넣고 가능한 한 적게 섞습니다. 깊은 냉동고 용기에 숟가락으로 담아 1~2시간 동안 얼려주세요. 냉동 중에는 젓지 마세요.

c) 서빙하려면 혼합물을 베리 몇 개와 함께 서빙 접시에 부드럽게 숟가락으로 얹으세요.

2파인트를 만든다

93. 복숭아 & 패션프루트 소용돌이 아이스크림

재료:

- 헤비 크림 1 1/4컵
- 순수 바닐라 추출물 1 티스푼
- 큰 계란 2개
- 최고급 설탕 1/4컵 또는 입맛에 맞게
- 옥수수 전분 2 티스푼
- 물 1 큰술
- 아주 잘 익은 큰 복숭아 4개
- 주스와 오렌지 1개의 잘게 간 껍질
- 잘 익은 패션프루트 4개

지도:

a) 작은 냄비에 크림과 바닐라를 넣고 끓입니다. 열에서 제거하십시오. 그릇에 계란과 설탕을 넣어 매우 창백하고 약간 걸쭉해질 때까지 휘젓습니다. 달걀에 크림을 조금 넣어 잘 섞인 후 다시 냄비에 걸러냅니다.

b) 부드러워질 때까지 옥수수 전분을 물과 섞습니다. 크림과 달걀 혼합물에 넣고 휘젓고 팬을 다시 불에 올려 놓습니다. 끓이지 말고 혼합물이 걸쭉해지기 시작하면 숟가락 뒷면이 덮일 때까지 계속 저어줍니다. 가끔씩 저어주면서 식혀주세요.

c) 복숭아를 끓는 물에 약 1분 동안 또는 껍질이 쉽게 벗겨질 때까지 넣습니다. 과육을 오렌지 주스와 섞거나 퓌레로 만들고 필요한 경우 제스트와 걸러냅니다. 패션프루트 과육을 작은 그릇에

담습니다. 식힌 커스터드와 복숭아 퓌레를 가볍게 섞으세요.

d) 아이스크림 제조기에 넣고 제조사의 지시에 따라 가공하거나 손으로 섞는 방법을 사용하세요.

e) 거의 단단해지면 냉동실 용기로 옮기고 패션프루트 대부분을 휘젓습니다. 단단하거나 필요할 때까지 얼립니다. 이 아이스크림은 최대 1개월 동안 냉동 보관할 수 있습니다.

f) 약 15분 동안 부드러워진 후 위에 패션프루트를 조금 더 부어 서빙하세요.

1 1/2 파인트를 만듭니다

94. 아이스 살구 수플레

재료:

- 주스와 오렌지 1개의 잘게 간 껍질
- 무향 젤라틴 2개(1/4온스) 봉투
- 중간 크기 달걀 3개, 분리하고 흰자 2개 더 추가
- 최고급 설탕 1/2컵
- 순수 바닐라 추출물 1 티스푼
- 휘핑크림 1컵
- 아마레토 리큐어 4 큰술
- 살구 퓨레 1컵
- 블랙 커런트 3/4컵(신선 또는 냉동)
- 최고급 설탕 2~3 큰술

지도:

a) 라미킨 4개를 준비하려면 왁스칠한 종이 띠를 각 바깥쪽에 둘러싸서 테두리에서 약 2인치 정도 올라오도록 하세요. 테이프로 고정하세요. 종이와 접시 안쪽에 기름을 살짝 바릅니다.

b) 작은 냄비에 오렌지 주스를 데우고 젤라틴을 뿌려 녹입니다 . 시원한 오렌지 제스트, 노른자, 설탕, 바닐라를 큰 그릇에 넣습니다.

c) 정말 걸쭉하고, 창백하고, 크림 같은 질감이 될 때까지 휘젓습니다. 약간 식혀주세요. 별도의 그릇에 달걀 흰자를 단단하고 봉우리가 거의 형성될 때까지 휘젓습니다. 세 번째 그릇에 크림이 단단하고 모양이 유지될 때까지 휘핑합니다.

d) 젤라틴 혼합물을 아마레토와 함께 노른자위에 넣고 저어주세요. 그런 다음 휘핑 크림, 살구 퓌레, 마지막으로 달걀 흰자를 섞습니다. 가볍게 그러나 완전히 섞이면 라미킨에 숟가락으로 넣고 윗부분을 매끄럽게 한 다음 2~3시간 동안 얼립니다.

e) 소스를 만들려면 설탕과 함께 냄비에 블랙 커런트 몇 개만 남기고 모두 가열하세요. 4~5분 동안 요리하세요. 원하는 경우 체에 부어 모든 씨앗을 제거한 다음 전체 블랙 커런트를 팬에 추가합니다. 따로.

f) 드시려면 먹기 10분 전에 라미킨을 냉동실에서 꺼내어 종이를 떼어낸 뒤, 윗면 중앙에 구멍을 뚫어주세요. 마지막에 소스를 데우고 가운데에 조금 부어주세요. 나머지는 따로 담아주세요.

95. 사과&자두 파르페

재료:

- 크고 잘 익은 달콤한 자두 3개
- 데메라라 설탕 2 큰술
- 물 4 큰술
- 달콤한 사과 2개
- 굵은 설탕 1컵
- 주스와 잘게 간 레몬 1/2개의 껍질
- 달걀 노른자 5개
- 1/2컵 + 헤비 크림 2 큰술

지도:

a) 자두를 씨를 제거하고 굵게 다진 후 데메라라 설탕과 물과 함께 작은 냄비에 넣습니다. 자두가 부드러워질 때까지, 그러나 부서지지 않을 때까지 천천히 끓입니다.

b) 자두 절반을 식혀서 식힌 다음 껍질을 벗기고 심을 제거하고 강판에 간 사과를 냄비에 넣습니다. 과일이 섞이거나 으깨기에 충분할 정도로 부드러워질 때까지 계속 요리하세요. 완전히 식혀주세요.

c) 설탕이 녹을 때까지 다른 작은 팬에 설탕과 레몬즙을 넣고 천천히 가열합니다. 2~3 분간 끓인 후 불에서 내립니다. 달걀 노른자를 큰 그릇에 넣고 크기가 두 배가 될 때까지 휘젓습니다. 그런 다음 레몬 설탕 시럽과 레몬 제스트를 천천히 넣고 걸쭉하고 크림 같은 질감이 될 때까지 계속 휘젓습니다. 완전히 식혀주세요.

d) 으깬 과일과 달걀 혼합물이 모두 식으면 크림이 정점에 도달할 때까지 휘핑합니다. 먼저 과일 혼합물을 조심스럽게 접은 다음 휘핑 크림을 거품기로 섞은 달걀 노른자에 넣습니다. 작고 깊은 냉동고 용기에 숟가락으로 담아서 옆면이 얼 때까지 얼립니다.

e) 매끄러워질 때까지 포크로 두드린 다음 단단하지만 단단하지 않을 때까지 얼립니다.

f) 서빙하려면 미리 준비해 둔 익힌 자두 한 스푼을 차가운 잔 바닥에 넣고 파르페 몇 스쿱을 얹은 후 자두를 더 얹으세요. 즉시 서빙하거나 잠시 식히십시오.

96. 바나나 커스터드 아이스크림

재료:

- 잘 익은 바나나 4개와 서빙용으로 더 추가

- 레몬 1개의 즙

- 맑은 꿀 6 큰술

- 순수 바닐라 추출물 1 티스푼

- 집에서 만들거나 상점에서 구입한 바닐라 커스터드 1 컵

- 부드럽게 휘핑한 헤비 크림 1컵과 서빙용으로 더 추가

- 카라멜 조각

지도:

a) 블렌더나 푸드 프로세서에 바나나와 레몬즙, 꿀, 바닐라를 넣고 크림처럼 부드러워질 때까지 섞습니다. 혼합물을 커스터드에 균일하게 섞은 후 휘핑크림을 넣고 섞습니다.

b) 혼합물을 냉동 용기에 숟가락으로 담습니다. 1시간 동안 얼린 후 다시 부드러워질 때까지 포크로 으깨세요. 단단해지거나 서빙할 준비가 될 때까지 냉동실에 다시 넣으세요.

c) 더 많은 바나나 조각과 휘핑 크림, 캐러멜 조각을 흩뿌린 아이스크림 한 스쿱을 제공하세요.

d) 이 아이스크림은 최대 1개월 동안 동결됩니다.

e) 살짝 부드러워질 때까지 서빙하기 전 15분 이상 냉동실에서 꺼내세요.

6인분

97. 열대과일 샤베트

재료:

- 껍질을 벗기고 다진 익은 열대 과일(구아바, 파인애플, 망고, 파파야) 2컵

- 설탕시럽 1컵

- 라임 2개

- 전유 또는 버터밀크 1컵

지도:

a) 열대 과일을 퓌레로 만들거나 섞은 후 아주 부드러운 질감을 좋아한다면 미세한 체에 걸러냅니다.

b) 설탕 시럽, 잘게 간 라임 1개의 껍질, 둘 다의 즙, 우유를 넣고 섞습니다. 냉동용기에 붓고 손으로 섞는 방식으로 얼리며, 얼리는 동안 2~3번 부서집니다.

c) 단단해질 때까지 얼린 다음 반으로 자른 작은 파인애플 껍질이나 서빙 접시에 떠서 갓 간 육두구를 뿌립니다. 리치나 포도 같은 작은 열대 과일이나 구운 신선한 코코넛 조각과 함께 제공됩니다.

d) 이 아이스크림은 최대 1개월 동안 냉동 보관할 수 있습니다. 서빙하기 10분 전에 냉동실에서 꺼내어 부드럽게 만드세요.

약 1 1/2 파인트가 됩니다.

98. 아이스대황기쁨

재료:

- 다진 대황 3컵
- 최고급 설탕 1/2컵
- 순수 바닐라 추출물 1~2 티스푼
- 계피가루 1/4 티스푼
- 뻣뻣하게 휘핑한 헤비 크림 1컵
- 플레인 요거트 1컵

지도:

a) 대황, 설탕, 바닐라를 작은 냄비에 넣고 아주 부드러워질 때까지 약 8분간 끓입니다. 또는 가끔 저어주면서 전자레인지에 중불로 3~4분 동안 조리하세요.

b) 과일을 퓨레로 만들고 계피를 넣고 섞은 다음 차가워질 때까지 따로 보관합니다.

c) 대황 퓨레, 휘핑크림, 요거트를 함께 섞으세요.

d) 아이스크림 제조기의 그릇에 숟가락을 얹고 제조업체의 지침에 따라 가공하거나 냉동 용기에 붓고 지시에 따라 **얼립니다.**

e) 아이스크림이 단단해지면 서빙하기 전이나 필요할 때까지 잠시 얼립니다.

f) 이 아이스크림은 최대 3개월 동안 냉동 보관할 수 있습니다. 서빙하기 15분 전에 냉동실에서 꺼내 약간 부드러워지도록 하세요.

약 2 1/4 파인트가 됩니다.

99. 신선한 생강 아이스크림

재료:

- 헤비 크림 2컵
- 전유 1컵
- 설탕 ¼컵
- 껍질을 벗기고 굵게 다진 신선한 생강 뿌리 1 (3인치) 조각
- 큰 계란 1개
- 큰 달걀 노른자 3개
- 바닐라 추출물 1티스푼

지도:

a) 큰 냄비에 크림, 우유, 설탕, 생강을 섞습니다. 설탕이 녹을 때까지 저어주며 끓입니다.

b) 열에서 제거하십시오. 뚜껑을 덮고 실온으로 식혀주세요. 혼합물을 체에 걸러 생강 뿌리 전체를 제거합니다.

c) 우유 혼합물을 다시 끓입니다.

d) 큰 그릇에 달걀과 달걀 노른자를 함께 섞습니다. 우유 혼합물이 끓어오르면 불을 끄고 아주 천천히 달걀 혼합물에 부어서 계속 저어주면서 온도를 조절하세요.

e) 우유 혼합물을 모두 추가한 후 냄비에 다시 넣고 중간 불로 계속 저으면서 혼합물이 숟가락 뒷면에 코팅될 만큼 걸쭉해질 때까지 2~3분간 조리합니다. 불을 끄고 바닐라를 넣고 휘핑하세요.

f) 우유 혼합물을 덮고 실온으로 식힌 다음 완전히 차가워질 때까지 3~4시간 또는 밤새 냉장 보관합니다.

g) 식힌 혼합물을 아이스크림 제조기에 붓고 지시대로 얼립니다.

h) 아이스크림을 냉동고용 용기에 담아 냉동실에 넣으세요. 서빙하기 전 1~2시간 동안 굳혀주세요.

100. 신선한 복숭아 아이스크림

재료:

- 무향 젤라틴 2테이블스푼
- 우유 3컵을 나누어서
- 굵은 설탕 2컵
- 소금 1/4티스푼
- 계란 6개
- 1 1/2 컵 반반
- 작은 상자 바닐라 인스턴트 푸딩 1개
- 바닐라 추출물 1테이블스푼
- 으깬 복숭아 4컵

지도:

a) 차가운 우유 1/2컵에 젤라틴을 넣어 부드럽게 만드세요. 우유 1 1/2컵을 더 끓입니다. 녹을 때까지 젤라틴 혼합물을 저어줍니다. 설탕, 소금, 남은 우유 1컵을 추가합니다.

b) 계란을 고속으로 5분간 휘핑 하세요 .

c) 하프앤하프, 푸딩 믹스, 바닐라 추출물, 젤라틴 혼합물을 추가합니다. 잘 섞으세요. 복숭아를 저어주세요.

d) 제조업체의 지침에 따라 아이스크림 냉동고에서 얼립니다. 2시간 동안 숙성시킨다.

1갤런을 만든다

결론

이 책에서 여러분이 만들 아이스크림은 우리가 전문 주방에서 만드는 아이스크림만큼 맛있습니다. 완전히 크리미하고 떠서 퍼먹을 수 있으며 여러 겹의 맛이 납니다 .

나는 당신이 이 책에 빠져들어 당신의 것으로 만들기를 바랍니다. 이 요리법 을 계속 해서 만들어 먹고 결과에 긍정적으로 기뻐 하세요 . 원하는 대로 페이지에 물을 뿌리고, 뿌리고, 마크업하세요!